つゆつきの
365日のつまみ細工

土田由紀子

日本ヴォーグ社

はじめに

「もう1枚花びらを増やそうかな」「この色を入れたらどんな感じになるかな」

そんなふうに自由に楽しめるのが、私がつまみ細工が大好きな理由です。材料も和の布だけでなく、思い出の洋服の布を使ったり、手芸屋さんで手軽に手に入るキュプラを使ったり——。

つゆつきのつまみ細工教室では、布選びの日には布をテーブルいっぱいに広げて生徒さんにそれぞれ選んでいただいています。そうすると、同じ作り方の作品でもでき上がりはさまざま。最終日に皆で作品を持ち寄ると、個性の光る作品に歓声があがります。

教室を開いてから約5年、皆さんからいただいた質問をもとに「こうしたら分かりやすいかな」「綺麗に作れるな」という点を1つ1つ本書にまとめました。この本を通じて春・夏・秋・冬とつまみ細工を皆さんと一緒に楽しめたらもとても嬉しいです。

土田由紀子

page

- 2 はじめに

- 6 小さな花のヘアゴム
- 7 冬の髪飾りとイヤリング
- 8 桃色の七五三セット
- 9 橙色の七五三セット
- 10 小花のピアス
- 10 マーガレットのヘアピン
- 11 菊のコサージュ
- 12 成人式の花飾り
- 26 一輪コサージュ
- 30 ガーベラのブローチ
- 32 白バラのアクセサリーセット
- 36 半くすのブローチ
- 39 花鞠のかんざし
- 40 一輪花の髪飾り
- 41 柳の花飾り

- 13 **つゆつきのつまみ辞典**
- 14 花の分類
- 16 つまみ細工の作業の流れとポイント
- 17 用具
- 18 材料
- 20 花芯の飾り方

- 22 **基本の丸つまみ**
- 25 4枚花弁の丸つまみ
  二重(ふたえ)の丸つまみ
  8枚・12枚花弁の丸つまみ
- 27 つゆつきの花(丸つまみ)
- 29 二段の丸つまみ
  蝶
- 31 丸裏返し
- 33 フリルつまみのバラ
- 35 ききょう
  桜
- 37 とがり花弁の半くす

Contents

42	基本の剣つまみ	46	ナチュラルコサージュ
45	二段の剣つまみ	50	大菊の髪飾りとブローチ
	二重(ふたえ)の剣つまみ	52	洋花飾り
47	つゆつきの花(剣つまみ)	56	アジサイとバラの2Wayアクセサリー
49	風車の花	58	鶴の祝い飾り
51	菊	61	七五三の5点セット
53	クレマチス(剣裏返し)	62	前差しと2本足のかんざし
55	袋つまみ	65	花嫁の髪飾りとリングピロー
57	五角バラ	66	純白の花飾り
59	鶴		
		74	つゆつきおすすめの材料が買えるお店・お問い合わせ先
60	葉のつまみ方		
68	花のまとめ方	75	作品の作り方
69	アクセサリーパーツの使い方		
70	前差しかんざしの作り方		
73	下がりの作り方		

＊この本に関するご質問は、お電話またはWEBで
書名／つゆつきの365日のつまみ細工
本のコード／NV70496
担当／西津美緒
Tel.／03-3383-0634（平日13:00～17:00受付）
WEBサイト／「日本ヴォーグ社の本」https://tezukuritown.com
※サイト内"お問い合わせ"からお入りください。（終日受付）
※WEBでのお問い合わせはパソコン専用となります。

本誌に掲載の作品を、複製・アレンジして
販売（店頭、ネットオークション、バザーなど）することは禁止されています。
個人で手作りを楽しむためにのみご利用ください。

小さな花のヘアゴム

ちりめんで作った1輪のヘアゴムは「ききょう」のアレンジ花。
小さな4輪花は「丸裏返し」を直接くるみボタンの上に葺いて作ります。

つまみ方／1・2…p.35　3〜5…p.31
作り方／p.77

冬の髪飾りとイヤリング

少し厚手の生地を使ったアクセサリー。髪飾りの葉には
ワイヤーを入れてお好みのバランスに整えましょう。

つまみ方 / 6…p.25, 7…p.31
作り方 / p.81

桃色の七五三セット

ベルベットのリボン飾りがポイントの七五三の髪飾り。
着物や帯上げの色とコーディネートして花びらの色を選びましょう。

つまみ方 / 8…p.22, 25, 29　9…p.22, 25
作り方 / p.79

橙色の七五三セット

大人っぽいカラーの飾りには剣つまみの花をしのばせて。
ちりめんの剣つまみは先が丸くなりやすいので、
少しだけのりをつけて補強します。

つまみ方 / 10…p.22, 25, 42　11…p.22, 25, 29, 42
作り方 / p.80

小花のピアス

「丸裏返し」の花を貼り合わせて作ったモチーフを
フープに通したピアスです。リバティプリントや薄い布を使って。
つまみ方 / p.31
作り方 / p.82

マーガレットのヘアピン

リバティプリントと無地のコットンを組み合わせた
「8枚花弁の丸つまみ」。Uピンに仕上げ、
浴衣に似合うヘアアクセサリーや帯飾りに。
つまみ方 / p.25
作り方 / p.84

菊のコサージュ

和の花のイメージがある菊の花も、リネンで作れば洋服にも似合います。
共布で作った巻き飾りとペップをまわりにあしらって大人っぽいイメージに。

つまみ方 / p.51
作り方 / p.108

15

成人式の花飾り

大人の門出を祝う髪飾りは白×ベージュ×ゴールドの清楚な組み合わせに。
優しいグリーンの葉が少し入ることで全体が華やぎます。

つまみ方 / 16・18~20… p.22,25,29,60　17… p.60
作り方 / 16・18~20… p.86　17… p.111

伝統の材料や用具で作った つまみ細工はもちろん素敵だ けれどもっと手軽に、身近に あるもので楽しめるのがつゆ つき流のつまみ細工。 花びらの形を工夫したり、 花芯にいろいろな素材を作っ てみたり、日常のちょっとし た思いつきから、表現の幅は 無限に広がります。

つゆつきの つまみ辞典

花の分類

※「p.00」はつまみ方の掲載頁です。

基本の丸つまみ / p.22

二重の丸つまみ / p.25

つゆつきの花（丸つまみ）/ p.27

8枚・12枚花弁の丸つまみ / p.25

蝶 / p.29

ききょう・桜 / p.35

丸裏返し / p.31

4枚花弁の丸つまみ / p.25

二段の丸つまみ / p.29

フリルつまみのバラ / p.33

とがり花弁の半くす / p.37

丸つまみの仲間

その他

袋つまみ / p.55　　菊 / p.51
　　　　　　　　クレマチス（剣裏返し） / p.53
　　　　　　　　五角バラ / p.57
　　　　　　　　鶴 / p.59

基本の剣つまみ / p.42

二重の剣つまみ / p.45

風車の花 / p.49

つゆつきの花（剣つまみ） / p.47

二段の剣つまみ / p.45

剣つまみの仲間

つまみ細工の作業の流れとポイント

1 材料と用具を用意する
カット済みの土台布と花びら用布、花芯、p.17ののりセットと作業セットを用意します。

2 のり台を準備する
CDケースを2枚に分け、穴の開いていないふたの中面にのりを約3mmの厚さに平らにのばします。

3 花びらをつまむ
p.22〜p.60を参照して花びらや葉をつまみます。

4 花びらにのりを染み込ませる
花びらや葉をのり台に軽く置き、15分休ませて布にのりを染み込ませます。

5 花びらを必要枚数つまむ
花びらを必要な枚数つまんで、のり台に並べます。このとき、花びら同士を詰めて置くことで布が広がってしまうのを防ぐことができます。

6 土台布にボンドをのばす
CDケースの穴があいている方の中面に「花びらガイドシート」(p.76)をセットし、外面に土台布の四隅にボンドをつけて中央に仮どめします。土台布全体に薄くボンドをのばします。

7 側面についたのりを切り、先をつまむ
のり台の上で花びらを指でつまみ、ピンセットで側面を軽くなぞ、先を持って花びらを持ち上げます。のりを絞り出さないよう注意します。

8 花びらを土台布に置く(葺く)
土台布に花びらを置き、花の形を作ります。これをつまみ細工の用語で「葺(ふ)く」といいます。

9 花の形を整える
「花びらガイドシート」を目安にして花の形を整えます。

10 花びらを開く
それぞれのつまみ方に従って、花びらの形を整えます。

11 花芯を飾る
p.20・p.21を参照し、好みの材料で花芯を飾ります。

12 CDケースから外す
花が完成したらCDケースからそっと外し、花の形が崩れないようにして1〜2日乾燥させます。

13 土台布をカットする
のりとボンドが完全に乾いたら、土台布を花の形に沿ってカットします。金具や花台をつけて、アクセサリーに仕上げます。

できあがり　(裏)

用具

布準備セット
布を切るときに使います。

布がゆがまないようにしっかりと押さえながら、正確な正方形にカットします。この本では3cm角の布をよく使うので、お気に入りの布は多めにカットしてストックしておくと便利です。

ロータリーカッター
布をまっすぐ切るのに便利です。なければはさみで代用しましょう。

カッティングマット
ロータリーカッターで布を切るとき、下に敷きます。

定規
布をまっすぐ切るときに使います。普通の定規でも代用できますが、ロータリーカッターを使う場合は写真のテープカット定規がおすすめです。

ロータリーカッター(45mm)、テープカット定規／クロバー(株)

のりセット
花びらを置くのり台に使います。

のり
工作用のでんぷんのり。つまんだ花びらに染み込ませ、形をキープします。文具店で購入できます。「ヤマト糊」や「フエキ糊」がおすすめです。

CDケース〈のり台・作業台〉
穴の開いていない方(ふた)はのりをのばして花びらを置くのり台に、もう一方は花を形作る時の作業台として使います。

マドラー〈のりやボンドをのばすへら〉
のりを平らにのばすときや、土台布にボンドをのばすときにへらとして使います。

CDケースを2枚に分け、ふたの中面にのりをのばして使います。

作業セット
つまみ細工の作業全体を通して使います。

ピンセット
花びらをつまむとき、花を形作るときに使用します。先がとがっていて内側にすべり止めのついていないものを選びましょう。

はさみ
布端の処理や最後に土台布をカットするときにはさみを使います。先が細くとがっているものを使いましょう。
カットワークはさみ115／クロバー(株)

ボンド・接着剤
花を形作るとき、花芯を飾るときに使います。工作用の木工用ボンドや、ソフトに仕上がる布用ボンドがあります。大きなビーズをつける場合などは素材に合った接着剤を使用します。

ウェットティッシュ・おしぼり
花を汚さないよう、手やピンセットについたのりやボンドをこまめに拭き取りながら作業しましょう。

くず入れ
糸くずやカットした布端をまとめておけば、作業後の片づけがスムーズです。

くず入れの折り方

① ② ③ ④ ⑤ ⑥ ⑦ ⑧

材料

布

この本では、身近にあるコットンやリネン、レーヨンちりめんを使用しています。レーヨンちりめんの中でも「鬼ちりんめん」は厚くぼってりとかわいく、「一越ちりめん」はしなやかで落ち着いた雰囲気があります。洋服に合わせるアクセサリーにはコットンやリネンがおすすめ。また、洋服の裏地に使われるキュプラは程よい光沢があるので正絹の代わりにおすすめです。ポリエステル製の布はのりを吸わないので、つまみ細工には不向きです。

着物にもよく合うちりめんは、表面の凹凸の大きさによってできあがりの印象がかわります。

角をすっきり出したい剣つまみや、洋服用のアクセサリーによく合います。コットン100%を選びましょう。

薄手ではりのあるタイプがおすすめです。
リネン100%のものを選びましょう。

光沢があり、繊細な印象。
成人式やウエディングにもぴったりです。

ちりめんの種類

◎ レーヨン100%　鬼ちりめん…凹凸が大きく、ぼってりとしたかわいさ
　　　　　　　　一越ちりめん…凹凸が細かく上品で繊細に

◎ 絹100%　　　一越ちりめん…上品な光沢が美しい

× ポリエステル100%　のりを吸わないのでつまみ細工には不向き

つゆつきのおすすめ
二重のつまみ細工が
つまみやすい順

① 外 一越 × 内 一越　　③ 外 一越 × 内 鬼
② 外 鬼 × 内 一越　　④ 外 鬼 × 内 鬼

花芯

造花用のペップや直径3mm〜10mmのパールビーズ、アクリルビーズ、チェコビーズ、丸小ビーズを使用します。ペップは大型手芸店や花材屋さんで、ビーズは手芸店やパーツ屋さんで手に入ります。

ペップ

ビーズ

組み立てに必要な材料

アクセサリー金具
できあがった花をアクセサリーに仕立てるときに使います。アクセサリー金具はパーツ屋さんや手芸店で、かんざし飾りはつまみ細工専門店(つまみ堂)で購入できます。

ワイヤー
この本で使っているワイヤーは手芸店で購入できる24号のもの。白や緑色のものがあります。花や葉の台、鶴の脚などに使用します。

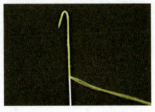

極天糸
極天糸はかんざしを組むときに使う絹100%の糸。日本刺しゅうの糸と似ています。つまみ細工専門店(つまみ堂)で購入できます。手芸店で手に入る絹100%のステッチ糸や、綿の25番刺しゅう糸を2〜3本どりにして代用できます。

メタリックヤーン
ラメの入った編み紐です。この本では中にワイヤーを通して花の台にしたり、下がりの紐に使用します。

布を折った時の柄の出方

特にプリント地を使う場合は、花びらを折ったときに布のどの部分の柄が出るのかを考えながら布をカットしましょう。

〈丸つまみの場合〉

つまむ前の布

つまむ前の布の状態で、イラスト中の赤い部分が花びらの上面に出ます。

人指し指に赤い部分が触れています。

〈剣つまみの場合〉

つまむ前の布

つまむ前の状態で、イラスト中の逆T字の部分が花びらの上面に出ます。

花芯の飾り方

1粒ずつビーズを飾る

1

大きめのビーズは外れやすいので、接着剤を使います。ビーズの穴を横にしてピンセットでつまみ、接着剤を直接ビーズにつけて花に置きます。

2

バランスをみながら1と同様にビーズを置きます。はみ出た接着剤はピンセットでこそぎ取りましょう。

ペップを飾る

1

ペップの先を、足を約2mm残してカットします。長さはペップの玉の大きさによって調整します。写真の花では中ペップ(玉の長さ約3〜4mm)7粒を使用。

2

花の中心にボンドを少量つけ、ペップの足にもボンドをつけて、花の中心に差します。残りの6本のペップを、中心のペップの周りに円を描くようにすき間なく差します。

ビーズの周りにペップを飾る

1

花の中心にボンドを多めにつけ、ビーズを置きます。ビーズの周囲に少量ボンドがはみ出すようにします。

2

足を約2mmにカットしたペップをビーズの周りのボンドに1周差します。

ペップを寝かせて飾る

1

足を約4mmにカットしたペップにボンドをつけ、花びらの中に寝かせて貼ります。

2

中心に接着剤でラインストーンを貼ります。

ビーズを円にして飾る

1

直径4mmのパールビーズ5個をテグス(1号)に通します(ここではわかりやすいように色糸を使っています)。

2

テグスを固結びし、ビーズを円状にします。この時テグスの端を、結び目の隣のビーズの穴に1〜2個分くぐらせてから切ると、結び目が目立たなくなります。

3

花の中心にボンドを少量つけ、ビーズの下半分にも薄くボンドをつけて花の上に置きます。

4

中心のビーズの穴を横にしてピンセットでつまみ、ビーズの下半分にボンドを多めにつけてビーズの中心に乗せます。布にはみ出たボンドは乾くと目立つため、こそぎ取ります。

ペップを束にして飾る

1

ペップを束にして、玉の根元にボンドの先を入れ、ペップの玉の下半分と軸にボンドを出します。

2

ボンドを指でなじませて乾かします。

3

ピンセットでペップがドーム状になるように整え、足を約2mm残してカットします。

4

花の中心にボンドを落とし、3でカットしたペップの束を貼ります。

ペップをワイヤーで束ねて飾る

1 ペップを12本束ね、玉から約5mm下に細いワイヤーを巻きつけて固定します。

2 指で押し開き、ピンセットできれいな放射状になるように形を整えます。

3 ワイヤーで束ねた部分から3mm下をカットします。

4 花の中心にボンドを少し出し、ペップの足にもボンドをつけて花に飾ります。中心に丸小ビーズを貼りつけたら、完成です。

丸小ビーズを飾る

1 花の中心に接着剤を落とし、丸小ビーズをひとつまみ振りかけます。

2 ピンセットでビーズがドーム型になるよう手早く整えます。

3 余分なビーズを払って落とします。

メタリックヤーンを巻いて飾る

1 ピンセットにボンドを少量とり、メタリックヤーンを端から2〜3周巻きます。

2 大きくなってきたらピンセットの腹を使い、平らになるようにピンセットを動かして巻きます。

3 好みの大きさになったらメタリックヤーンをカットし、指ではさんでピンセットにとったボンドを端にすり込みます。

4 花芯の裏にボンドをつけ、花の中心に貼ります。

布の房を飾る

1 縦2×横6cmの布の端にボンドを塗り、半分に折ります。2でカットする部分にボンドがつかないように注意しましょう。

2 わになった方を約3mm幅にカットします。

3 ボンドで接着した部分をピンセットではさみ、端から巻きます。好みの大きさになったら布をカットし、巻き終わりをボンドでとめます。

4 好みの高さにカットし、花芯にのりをつけて花の中心に貼ります。

ペップの種類と大きさ

造花用のペップにはさまざまな色や形、サイズの種類があります。作りたい花のイメージや布の色と合わせて選ぶのも楽しい。大人っぽく仕上げたい時はラメ入りのシックな色のものを使ったり、ピンクと白を混ぜて清楚な雰囲気を出したりと、お気に入りのものを何種類か揃えておくと色々な花の表情を作ることができます。この本で使ったペップは「ヤマサン花芯」で購入しました。

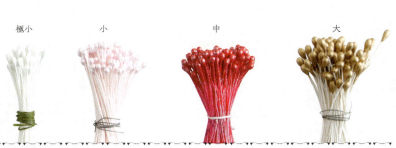

極小　小　中　大

基本の 丸つまみ

ここで紹介する基本の丸つまみは、p.25〜37、p.60のつまみ方の基本になります。あらかじめp.16「つまみ細工の作業の流れとポイント」を参照してのり台の準備をしておきましょう。

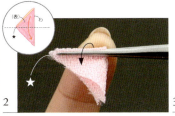
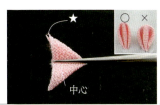

1. 花びら用布の裏を上にして手に置き、ピンセットで★と★を合わせるように折り上げます。

2. 1で折った布のわを右にしてピンセットで三角形の中心をはさみ、ピンセットを手前に回転させて上から下へ半分に折ります。

3. 2の★が上になるように持ち替え、ピンセットで三角形の中心より少し上をはさみます。中心をはさむと右上の×の例のように花びらが広がってしまうので注意しましょう。

4. ピンセットより下の部分を左右に開き、★に向かって指で折り上げます。ピンセットに沿わせてしっかり折りましょう。

5. ★の部分を指で持ち、ピンセットを抜きます。3点の●の高さが揃っているか確認します。

6. 底と平行にピンセットではさみ、回転させて手に持ち替えます。

7. のりがつきやすいように、底の布端が揃っていないところをカットします。

8. 花びらをのり台に置きます。花びらの先が広がらないよう、ピンセットのすぐ横に指を添えてピンセットを抜きます。

9. 花びらを5枚つまんでのり台に並べ、15分休ませます。隣り合う花びらは詰めて並べます。

10. CDケースの底側に「花びらガイドシート」(p.76)を貼ってセットし、土台布の四隅にボンドをつけて中心に仮どめします。土台布全体にボンドをうすくのばします。

11. 花びら側面についたのりをピンセットで軽くなでるようにしてとり、花びらの先をはさんでのり台から持ち上げます。のりを絞り出さないよう注意します。

12. 土台布の上に花びらを置きます。花びらの先は土台布の中心に、向きは「花びらガイドシート」の5枚用を目安に置きます。

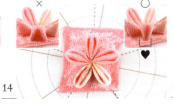

13. 花びらを指で支えながらピンセットで中心から先へ向かって①～③の順にはさみ、細く整えます。③は右上の写真のようにのりで浮きやすいのでしっかり台布につけます。

14. 5枚葺きます。後ろから♥の部分がきちんと閉じているか確認します。開いている場合はもう一度13の作業をくり返します。

15. 指で支えながら花びらを押し開きます。●の部分をピンセットで土台布にぶつかるまで押し下げ、そのまま3秒ほど押して仮どめします。次に滴型の部分全体が底につくように押し下げて形を整えます。

16. きれいに開いた花びらの足は、後ろから見ると内側にたたみこまれています。うまく開かなかった場合はもう一度13～15をくり返します。

17. p.20・21を参照して花芯を飾り、p.60を参照して葉をつけます。花芯や葉は作品によって好みでつけましょう。

18. CDケースからそっと外して、ボンドやのりが完全に乾くまで1～2日乾燥させます。

19. 土台布を花の形に沿ってカットしたら、丸つまみの花モチーフの完成です。

4枚花弁の丸つまみ

2cm角などの小さな布でつまむと可憐な印象に仕上がります。

1 p.23の1～8を参照して花びらを4枚つまみ、のり台で15分休ませます。

2 「花びらガイドシート」の8枚用を目安にして、土台布の上に花びらを十字に葺きます。

3 p.23の13～15を参照して花びらを開きます。

4 左上の写真のようにカーブの部分が四角くなってしまったら、足を斜め内側へ押し、形を整えます。

二重（ふたえ）の丸つまみ

布を2枚重ねて作る丸つまみです。

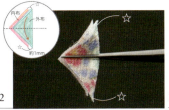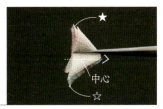

1 p.23の1と同様に、外布・内布それぞれを半分に折ります。

2 図のように約1mmずらして重ね、三角形の中心にピンセットの下辺が沿うようにはさみます。

3 ☆と☆を合わせるように上から下へ折り下げます。

4 三角形の中心の少し上をピンセットではさみます。

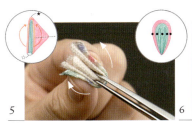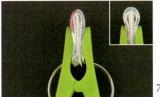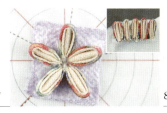

5 ピンセットより下の部分を左右に開き、指で折り上げます。5点の●の高さが合っているか確認しましょう。

6 洗濯ばさみで30分ほどはさみ、布をくせづけします。右上の写真のように花びらの先が平らになってしまった場合は4に戻り、ピンセットの位置が中心より少し上になっているか確認しましょう。

7 p.23の7を参照して底の糸くずをカットし、のり台で30分休ませます。p.23の10～14を参照し、「花びらガイドシート」5枚用を目安にして花びらを葺きます。

8 p.23の15・16を参照して花びらを開きます。花芯を飾って1～2日乾燥させ、余分な土台布をカットしたらできあがり。

8枚・12枚花弁の丸つまみ

花弁の数を8枚や12枚に増やした丸つまみの花です。

1 一重で作るときはp.23の1～6、二重の場合は上の1～5を参照して花びらをつまみます。高さを抑えるため、図のように底をカットします。

2 「花びらガイドシート」8枚用を目安にして、土台布に花びらを十字に葺きます。

3 2の花びらの間に1枚ずつ花びらを葺きます。

4 p.23の13・14を参照して形を整えます。花びらの枚数が多いときは土台布まで押し下げず、●部分を軽く押して花びらをバランス良く開きます。

一輪コサージュ

1段目は二重、2段目には一重の花びらを重ねた華やかなお花です。
花モチーフの裏に直接アクセサリー金具を貼ったら、すぐに使えるアクセサリーに。

つまみ方 / p.27
作り方 / p.83

つゆつきの花（丸つまみ）

花びら用布はすべて3cm。
2段目はつまんでから底をカットして大きさを調整します。

1　2段目の花びらは、p.23の1〜6と同様につまんだら図のように底をカットします。

2　1段目の花びらはp.25「二重の丸つまみ」1〜6と同様に10枚、2段目の花びらは10枚つまんでのり台の上で30分休ませます。

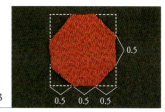

3　1.5cm角の中心布を用意し、角をカットします。

4　土台布の中心に3を貼り、中心布の対角に花びらを2枚葺きます。

5　4で葺いた2枚の間に4枚の花びらをバランス良く葺きます。「花びらガイドシート」10枚用を参考にしましょう。

6　残りの花びらを葺きます。中心布に花びらが乗らないよう注意しましょう。

7　p.25「8枚・12枚花弁の丸つまみ」4を参照し、花びらを軽く開きます。

8　花びらを開き終えたところ。開き加減は全体を少しずつ開きながら、バランスをとります。

9　後ろから見たところ。花びらの足元は軽く内側を向いています。

10　1段目の花びらの先にボンドを少量塗ります。

11　中心布全体までボンドをのばします。

12　2段目の花びらをのり台から持ち上げ、後ろ端に少しだけボンドをつけます。

13　1段目の花びらの間に、対角に2段目の花びらを葺きます。

14　13の間に4枚ずつ花びらを葺きます。

15　7と同様に花びらを軽く開きます。花びらの先は土台布から少し浮いても大丈夫。花びらの広い具合がきれいになるようにします。

16　後ろから見たところ。最後にもう一度、1段目の足元が軽く内側を向いていることを確認します。花芯を飾り、完全に乾燥させたら余分な土台布をカットします。

二段の丸つまみ

花びらの枚数が多いときは中心布を入れて作ります。
1段目が5枚花弁の場合は中心布を入れずに作ることができます。

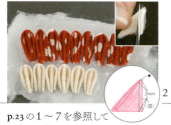

1

p.23の1〜7を参照して1段目の花びらを9枚つまみます。2段目は底をカットするときに図のように平行にカットして大きさを調整します。

2

p.27の3と同様に1.5cm角の中心布の角をカットし、土台布の中心に貼ります。ちりめんの土台布は縮みやすいので四隅にボンドをつけてCDケースに固定します。

3

1段目の花びら3枚を写真のように葺きます。

4

3の間にそれぞれ2枚ずつ花びらを葺きます。

5

p.23の15・16を参照して花びらを開き、花びらの間があかないよう、写真のようにピンセットで整えます。

6

1段目の花びらと中心布にボンドを塗ります。

7

2段目の花びらは後ろ端にボンドをほんの少しつけ、中心を5mmあけて6枚葺きます。

8

2段目の花びらも押し開き、花びらの間があかないようにピンセットでくっつけます。花びらの形が上手に開けない場合は、左写真のように足を内側に折りたたんで整えましょう。

 ## 蝶

丸つまみで作る小さな蝶のモチーフです。胴体にはペップとビーズを使っています。

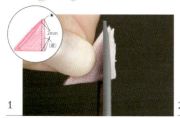

1

下側の羽はp.23の1〜6を参照してつまみ、底をカットするときに図のようにカットして大きさを調整します。

2

上側の羽はp.25「二重の丸つまみ」を参照して2枚、下側の羽も2枚つまんでのり台の上で30分休ませます。

3

ペップの中心を斜めにカットして2本にわけます。

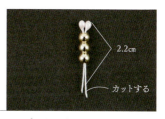

4

ペップ2本に直径3mmの金ビーズを3個通し、全体の長さが2.2cmになるようカットします。

5

ペップの先にボンドをつけ、ビーズを下げます。

6

土台布にボンドをのばし、「花びらガイドシート」6枚用の線を目安に、左右対称に4枚の羽を葺きます。

7

p.25「8枚・12枚花弁の丸つまみ」4を参照し、羽を軽く開きます。横から見たとき、右上の写真のように少し下側に傾くように形を整えます。

8

金ビーズに接着剤をつけ、中央に貼ります。1〜2日乾燥させたら、余分な土台布をカットします。

ガーベラのブローチ

丸裏返しで作るガーベラの花。
花芯の周りには小さな布でつまんだ裏返し丸つまみを重ねました。

つまみ方 / p.31
作り方 / p.84

丸裏返し

丸つまみを裏返して作ります。
土台布は使わず、CDケースの上に直接葺いて形作ります。

1 p.23の1～4と同様に丸つまみをつまみます。

2 上辺と平行にピンセットではさみます。

3 右上の写真のように指に少量のボンドをとり、底にすりこみます。底を指で押さえ、ぴったりくっつけます。

4 底の中央をピンセットで開きます。

5 指の上で、手前の足を三角形に折り上げます。反対側の足も親指で三角形に折って重ねます。

6 右上の写真のようにゆがまないよう、きれいに重ねましょう。

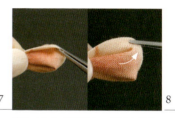

7 表を上にして花びらの上下を持ち、ピンセットで先をはさんで裏返します。

8 指でしごいて形を整えます。

9 1～8と同様にして花びらを8枚つまみます。

10 CDケースにボンドを出し、花びらの裏にボンドをつけます。CDケースの上でポンポンと移動させてボンドの量を調整しましょう。

11 「花びらガイドシート」をセットしたCDケースの上に、十字に葺きます。

12 上に重ねるようにして、11の間に4枚の花びらを葺きます。

13 花芯を飾り、1～2日乾燥させたらCDケースからそっと外します。

細い花弁の作り方

左頁のガーベラのように花びらを細くしたい場合は、2の工程の前に底を図のようにカットします。

白バラのアクセサリーセット

白とブルーが清楚なバラのアクセサリーセット。
布をのばして形作るため、ちりめん素材が最適です。

つまみ方 / p.33
作り方 / p.88

フリルつまみのバラ

「丸裏返し」の変型です。
のりの跡が目立たないので、淡い色の布がおすすめです。

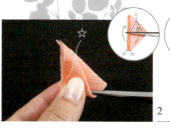

1 p.23の1・2を参照して布を2回、半分に折ったら、三角形の中心より下をピンセットではさみ、下の部分を左右に開いて折り上げます。

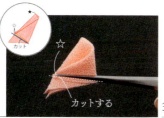

2 折り上げた三角形の下辺をピンセットではさみ、ピンセットに沿ってカットします。

3 底に指でボンドを擦り込み、底を指で押さえてぴったりくっつけます。

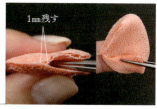

4 ピンセットで底を開き、手前の足を三角に折り上げます。

5 反対側の足も三角形に折ります。

6 花びらの表を手前にして持ち、指先に少量ののりをとって花びらの先を裏返します。

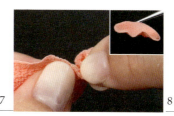

7 花びらの先を指で強くのばしながらひねり、右上の写真のように波打った形にします。

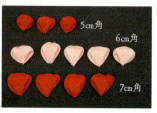

8 5cm角の布で3枚、6cm角で5枚、7cm角で4枚の花びらを同様につまみます。

9 5cm角でつまんだ花びらの両端にボンドをつけます。

10 ピンセットで花びらの端をはさんで強く巻きます。これが花の中心になります。

11 5cm角でつまんだ花びらに9と同様にボンドをつけ、10の周りに巻きます。

12 先に巻いた花びらと互い違いになるように、小さな花びら→大きな花びらの順に巻きつけます。7cm角でつまんだ花びらは右上の写真のようにボンドを下から2/3の高さまでつけて巻きます。

13 p.23の1～6を参照して丸つまみのガクをつまみ、図のように底をカットします。底に指でボンドを擦り込み、底を指で押さえてぴったりくっつけます。

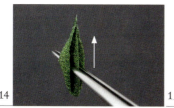

14 表側からピンセットを差し入れ、上にスライドさせて底を開きます。

15 谷部分に少量のボンドをつけ、折りたたんで貼ります。反対側も同様にします。

16 同じものを4つ作り、裏にボンドをつけて12の底に十字に貼ります。乾燥させたら、花の中心にボンドを落として花芯を飾ります。

ききょう

丸裏返しの花びらを裏返さず、先をとがらせて作ります。

1 p.31の1〜6を参照して花びらをつまみます。裏返さず、ピンセットで花びらを押し開き、形を整えます。

2 指に少量ののりをとります。

3 花びらの先を指ではさみ、少し引っ張ってとがらせます。

4 1〜3と同様にして花びらを6枚作ります。

5 土台布にボンドをのばします。

6 CDケースにボンドを出し、花びらの裏にボンドをつけます。ポンポンと移動させながら、ボンドの量を調整します。

7 花びらの裏側全面に薄くボンドがついているようにしましょう。

8 「花びらガイドシート」6枚用の線を目安に花びらを葺きます。花芯を飾り、1〜2日乾燥させたら余分な土台布をカットします。

桜

羽二重を2枚重ねて作る桜の花です。

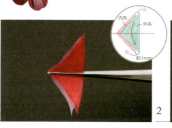

1 内布・外布をそれぞれ半分に折り、図のように重ねてピンセットではさみます。

2 p.25「二重の丸つまみ」3〜5と同様につまんだら、底ギリギリのところをピンセットではさみ、ピンセットに沿って糸くずを切ります。

3 p.31の3〜7を参照して花びらを裏返します。羽二重は薄いため、ボンドはごく少量にします。指で縦・横方向に引っ張り、やわらかな感じを出します。

4 ピンセットの先にボンドを少量とり、花びらの背につけます。花びらを指でしっかり押さえながらピンセットを押し込み、花びらの背の中心をへこませます。

5 1〜4と同様にして作った花びら5枚、1〜3と同様に作った葉1枚を用意します。

6 のり台を用意し、花びらと葉を厚さ1mmののりの上に置いて5分休ませます。

7 「花びらガイドシート」をセットしたCDケースの上に直接5枚の花びらを葺きます。葉は最後にバランスをみて花びらの下に差し込みます。

8 花芯を飾り、1〜2日乾燥させたらCDケースからそっと外します。

29

半くすのブローチ

半球の台に花びらを葺いて作る「半くす」のブローチ。
半くすとは、「半分の薬玉」のことです。

つまみ方 / p.35, p.37
作り方 / p.90

とがり花弁の半くす

大・中・小の花びらを組み合わせて、半球状の台に花びらを葺いて作ります。

1　紙粘土で、底の直径4cm・高さ2cmの半球を作って乾燥させます。直径4cmのスチロール球を半分にカットしたものでも代用できます。

2　8cm角の土台布の全面にボンドをのばして紙粘土をくるみます。

3　余った部分を紙粘土に沿ってカットします。

4　乾燥させます。

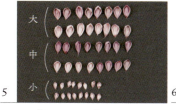

5　p.35「ききょう」の花びらをつまみます。3cm角・2.5cm角・1.5cm角でつまんだものをそれぞれ16枚用意します。

6　花びら（大）の裏にボンドをつけます。

7　4に十字に花びら（大）を貼ります。

8　横から見たところ。土台と花びらの底をぴったり合わせます。

9　7の間に等間隔に1枚ずつ花びら（大）を葺き、それぞれの間に花びら（小）を葺きます。

10　花びら（小）と土台の底もぴったり合っているか確認しましょう。

11　1段目の花びら（小）の上に重ねるようにして、2段目の花びら（大）を葺きます。

12　2段目を葺き終えたところ。1段目と2段目の花びら（大）は花びらの半分が重なるくらいに高さをずらします。

13　2段目の花びらと互い違いになるように3段目に花びら（中）を葺きます。

14　土台の中心に直径3mmの余白をあけて、4段目の花びら（中）を4枚葺き、中心を合わせて残りの4枚を葺きます。

15　4段目の花びらと互い違いになるように5段目に花びら（小）を8枚葺きます。

16　横から見たときにすき間があいていないか確認し、ボンドが乾く前に花びらの位置を調整します。花芯を飾り、乾燥させたら完成です。

花鞠のかんざし

ちりめんの小さな丸つまみで作った半球状のかんざしに、
蝶のモチーフを添えました。動くたびに揺れる可憐な髪飾りです。

つまみ方 / p.23, p.29
作り方 / p.90

31

一輪花の髪飾り

一輪でも存在感のある髪飾り。
紙粘土で半球状に作った土台に
花びらを葺いて作ります。

つまみ方 / p.23
作り方 / p.85

柳の花飾り

羽二重を2枚重ねて作った花と、ゆらゆらと揺れる葉がかわいい柳の葉。
繊細な印象は晴れ着にぴったりです。

つまみ方 / p.25, p.31, p.35, p.43, p.53, p.60
作り方 / p.92

基本の 剣つまみ

ここで紹介する基本の剣つまみはp.45〜53、p.60のつまみ方の基本になります。あらかじめp.16「つまみ細工の作業の流れとポイント」を参照してのり台の準備をしておきましょう。

1 花びら用布の裏を上にして手に置き、ピンセットで★と★を合わせるように折り上げます。

2 1で折った布のわを右にしてピンセットの下辺が三角形の中心になるようにはさみます。

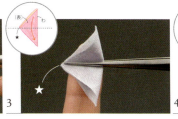

3 ピンセットを手前に回転させて上から下へ半分に折ります。

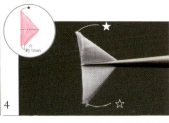

4 3の★が上になるように持ち替え、ピンセットの下辺で三角形の中心をはさみます。左上の図のように1mmずらすことできれいにつまめます。

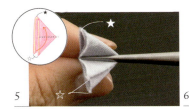

5 ピンセットを軸にして、★と☆を合わせるように半分に折ります。

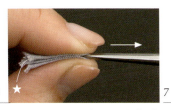

6 花びらの先が指で隠れた状態で、先をとがらせるようにしてピンセットを斜め下に抜きます。

7 先がとがりました。6のとき、指からはみ出た状態では先がしっかりとがらないので注意しましょう。

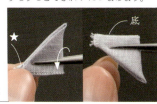

8 ピンセットで底と平行にはさみ、手前に回転させて手に持ち替えます。

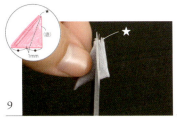

9 布端の始末と高さ調整のため、図のようにカットします。これをつまみ細工の用語で「端切り」といいます。

10 のり台の上に置きます。花びらの先が広がらないよう、ピンセットのすぐ横に指を添えてのりの上に軽く置きます。

11 花びらを8枚つまんでのり台に並べ、15分休ませます。隣り合う花びらは詰めて並べます。

12 CDケースの底側に「花びらガイドシート」(p.76)を貼ってセットし、土台布の四隅にボンドをつけて中心に仮どめします。土台布全体にボンドをうすくのばします。

13 花びらを指でつまみ、側面についたのりをピンセットでなでるようにとり、花びらの先をはさんでのり台から持ち上げます。のりを絞り出さないよう注意します。

14 土台布の上に花びらを置きます。花びらの先は土台布の中心に、向きは「花びらガイドシート」の8枚用を目安に置きます。

15 「花びらガイドシート」の線を目安に十字に葺きます。

16 15の花びらの間にそれぞれ1枚ずつ花びらを葺きます。外側から滑り込ませるように葺きます。

17 横から見たときに中心が低くなっているか確認しながら作業を進めましょう。

18 8枚葺き終えたところ、花びらの間隔を均等に、きれいな円を描くように微調整します。

19 花びらの先を親指と人差し指で軽くはさみ、花びらを開きます。

20 p.20・21を参照して花芯を飾り、右上写真のようにCDケースからそっと外して1～2日乾燥させます。土台布を花の形に沿ってカットしたら、剣つまみの花モチーフの完成です。

二段の剣つまみ

花びら用布はすべて3㎝角、土台布は4㎝角を使用します。
2段目の花びらは底のカットで大きさを調整します。

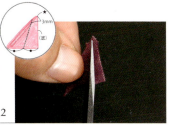

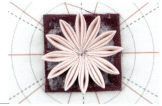

1　p.43の1～11を参照して1段目の花びらを12枚つまみます。

2　p.43の1～8を参照して2段目の花びらをつまみ、底をカットするときに図のようにカットして大きさを調整します。

3　2段目の花びらは8枚つまみ、のり台の上で15分休ませます。

4　p.43の12～18を参照して1段目の花びらを葺きます。「花びらガイドシート」の6枚用を目安に葺き、間に1枚ずつ入れます。

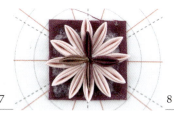

5　p.43の19と同様に花びらを広げ、中心にボンドをのばします。

6　2段目の花びらはのり台から持ち上げたあと、底端に少しだけボンドをつけてから葺きます。

7　1段目の花びらと重なるように十字に葺きます。

8　十字の間に1枚ずつ葺き、p.43の19と同様に花びらを開きます。花芯を飾り、1～2日乾燥させて余分な土台布をカットします。

二重（ふたえ）の剣つまみ

布を2枚重ねて作る剣つまみです。

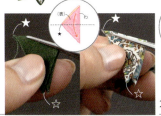
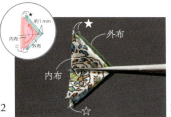

1　内布・外布をそれぞれ、p.43の1～3を参照して2回、半分に折ります。

2　内布を手前にして、図のように重ねてピンセットで三角形の中心をはさみます。このとき内布は全体を約1mm左側にずらして重ねます。

3　2の★と☆を合わせるように半分に折ります。p.43の6・7と同様にピンセットを抜いて先をとがらせます。

4　洗濯ばさみで30分ほどはさみ、布をくせづけます。右上の写真のように花びらの先が曲がらないように注意しましょう。

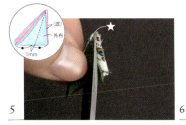

5　図のように、外布の先に向かって端切りをします。

6　1～5と同様にして花びらを8枚つまみ、のり台の上で30分休ませます。

7　「花びらガイドシート」8枚用を目安に、p.43の12～18と同様にして花びらを葺きます。

8　p.43の19と同様に花びらを開きます。花芯を飾ったらCDケースからそっと外し、完全に乾燥させたら余分な土台布をカットします。

ナチュラルコサージュ
中央に「つゆつきの花」、
周囲に7輪の小花をちりばめたコサージュ。
花台をつけてブーケのようにまとめます。

つまみ方 / p.22, p.25, p.42, p.45, p.47
作り方 / p.94

つゆつきの花（剣つまみ）

花びら用布はすべて3cm角、土台布は6cm角を使用します。
2段目はつまんでからカットして大きさを調整します。

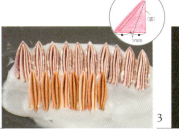

1. p.45「二重の剣つまみ」1～4を参照して1段目の花びらをつまみます。洗濯ばさみで30分ほどはさんで布をくせづけしたら、図のように内布の先に向かってカットし、のり台に置きます。

2. 1段目の花びらは10枚つまんでのり台で30分休ませます。2段目の花びらはp.43の1～8を参照してつまみ、図のようにカットしてのり台で15分休ませます。8枚作ります。

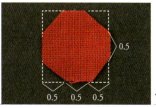

3. 1.5cm角の中心布を用意し、角をカットします。

4. 土台布の中心に3を貼り、中心布の対角に1段目の花びらを2枚葺きます。

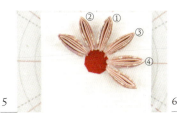

5. 4で葺いた2枚の間に4枚の花びらを①～④の順に葺きます。「花びらガイドシート」10枚用を参考にしましょう。

6. 残りの花びらを葺きます。中心布に花びらが乗らないよう注意しましょう。

7. p.43の19を参照して1段目の花びらを開きます。

8. 花びらを開き終えたところ。花びらの外周がきれいな円を描くように微調整します。

9. 1段目の花びらと中心布の境目にボンドを塗ります。

10. 中心布全体までボンドをのばします。

11. 2段目の花びらをのり台から持ち上げ、後ろ端に少しだけボンドをつけます。

12. 2段目の花びらを十字に葺きます。

13. 外側から滑り込ませるようにして、12の花びらの間に1枚ずつ花びらを葺きます。

14. 8枚葺き終えたところ。

15. p.43の19を参照して2段目の花びらを開きます。

16. 花芯を飾り、そっとCDケースから外します。1～2日乾燥させたら余分な土台布をカットします。

風車の花

剣つまみの花びらを寝かせて作るお花です。キュプラやリバティプリントなど薄手の生地で作ると繊細に仕上がり、浴衣にも似合います。

1　花びら用布の裏を上にして手に置き、ピンセットで★と★を合わせるように折り上げます。

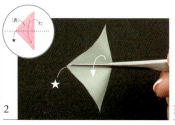

2　1で折った布のわを右にしてピンセットで三角形の中心をはさみ、ピンセットを手前に回転させて上から下へ半分に折ります。

3　2の★が上になるように持ち替え、ピンセットで三角形の中心をはさみます。

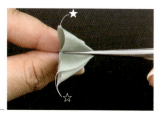

4　ピンセットを軸にして、★と☆を合わせるように半分に折ります。

5　花びら全体を指ではさみ、先をとがらせるようにピンセットで斜め下に引っ張ります。

6　写真のように指からはみ出た状態ではきれいにとがらないため、5に戻ってはさみ直しましょう。

7　横から見たところ。1・2段目ともに花びらは端切りをせずにのり台に置きます。

8　1段目は4cm角・2段目は3cm角の布で花びらを10枚ずつ作り、のり台の上で15分休ませます。

9　6cm角の土台布にボンドをのばし、「花びらガイドシート」10枚用(または8枚用)の線に花びらの底が合うように寝かせて葺きます。

10　花の中心に花びらの先を合わせ、前に葺いた花びらに少しずつ重ねて葺きます。

11　1段目の最後の花びらは最初に葺いた花びらの下に重なるように葺きます。

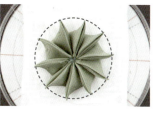

12　1段目の花びらを葺き終えたところ。花びらの外周がきれいな円を描くように整えます。

13　横からみたところ。花びらがふんわりと重なり合うようにすると立体的に仕上がります。

14　1段目と同様に2段目の花びらを葺きます。花芯を飾ったらそっとCDケースから外し、完全に乾燥したら余分な土台布をカットします。

大菊の髪飾りとブローチ

華やかな大菊の花は和装の結婚式にも似合う祝いのお花。
サイズを小さくしたら、ちょっとしたお出かけにも使える
カジュアルアクセサリーになります。

つまみ方／38・40…p.51　39…p.60
作り方／p.96

菊

つまみ細工の技法「菱つまみ」をつゆつき流にアレンジした大輪の菊の花です。

1　花びら用布の中心に、直径2cmほど、のりを表に染み出ない程度にごく薄くのばします。

2　p.43の1〜4を参照して2回、半分に折り、★と☆を合わせるようにして半分に折ります。

3　左上の写真のように指で花びら全体をはさみ、ピンセットで先をはさんだまま斜め下に引いて、花びらの先を反らせます。

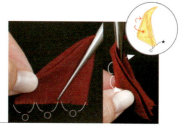

4　花びらの下辺の右から1/3の位置をピンセットで斜めにはさみ、中央のひだの高さに両側のひだの高さが合うように折ります。

5　花びらの形を崩さないように持ち替え、●の高さを揃えます。

6　花びらを手に持ち替え、図のように端切りします。

7　花びらの底に指でボンドを擦り込み、底を指で押さえてぴったりくっつけます。

8　底がぴったりくっつきました。

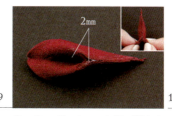

9　底の後ろ側から2mmを指で開きます。

10　花びらが細い場合は指の腹で花びらを押し開き、形を整えます。

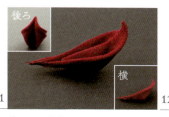

11　花びらが完成しました。

12　1段目の花びらは5cm角で12枚、2段目の花びらは4cm角で11枚つまみます。布の厚みやカットによって花びらの必要枚数が変わるので、葺いていて足りなくなったら追加します。

13　1段目の花びらの底にボンドをつけます。

14　土台布にボンドをのばし、対角線上に4枚の花びらを葺きます。

15　14の花びらの間に2枚ずつ花びらを葺きます。

16　2段目の花びらも同様に葺きます。花芯を飾ったらそっとCDケースから外し、完全に乾燥したら余分な土台布をカットします。

洋花飾り

「剣裏返し」の花びらを3枚合わせて
クレマチスの立体的な花びらを作ります。
ベージュのキュプラと残り布で作った花芯が
洋服をシックにまとめてくれます。
変わり糸の下がりで動きと華やかさを出しました。

つまみ方 / p.53　作り方 / p.98

42

41

クレマチス（剣裏返し）

剣裏返しを交互に貼りつけ、立体的な花びらを作ります。
剣つまみの端切りでできた布端にボンドでねじりを加えて花芯にします。

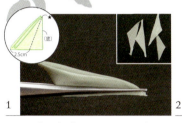

1　9cm角の布でp.43の1〜8を参照して剣つまみをつまんだら、図のように端切りをします。端切れは花芯に使うため捨てずにとっておきます。

2　底に指でボンドを擦り込み、底を指で押さえてぴったりくっつけます。

3　底の後ろ端をピンセットではさみ、手前に倒します。

4　3で折った部分を指で押さえながら、表側からひっくり返します。

5　花びらが1枚できました。表から見たときに底の後ろ端が飛び出ていたら、余分はカットします。

6　同じものを3枚作ります。このあと、写真の並びのように上下互い違いになるように貼って1枚の花弁になります。

7　花びらの片側の側面にボンドをつけ、少し重ねるようにして花びら同士を貼ります。

8　3枚貼り合わせたら、軽く指で押さえて細長いドーム型に整えます。

9　表から見たときにきれいな木の葉型になるよう、指で整えましょう。

10　同じものを5枚作ります。

11　花びらの裏にボンドをつけ、紙粘土を入れて花びらの形にのばします。

12　紙粘土が乾いたら、土台布と花びらのどちらにもボンドを塗って花の形に葺きます。

13　1で残した端切れの斜線部分にボンドをごく薄くのばします。

14　2つに折り、折った部分、先端のボンドのついた部分を指でねじってくせづけます。

15　p.20「ペップを束にして飾る」を参照して作ったペップの束の周りに、ボンドで14を貼りつけます。

16　好みの大きさまで貼りつけたら花芯が完成。12の中心にボンドで貼り、完全に乾燥させたら余分な土台布をカットします。

袋つまみ

三角形に折った布をくるくると巻いて花びらを作ります。
巻き加減や布の厚さで花びらの大きさが変わるので少し多めに作りましょう。
くるみボタンの上に直接葺くと、カーブが強くなってよりかわいらしい印象に。
ヘアゴムなどに使えます。

1 p.23の1・2を参照して布を2回、半分に折ります。

2 1で合わせた☆の部分に少量のボンドをつけてピンセットで端をはさみます。

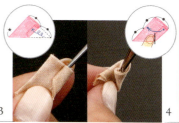

3 三角形の右側の辺に沿わせ、ピンセットを軸にして図の位置まで巻き上げたら、斜めの辺に指をあて、爪を軸にして左側に大きく巻きます。

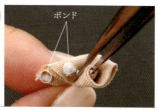

4 指で固定しながらピンセットを抜き、写真の2カ所にボンドをつけます。ピンセットで渦の中心をはさみ直します。

5 三角形の左側の辺に沿わせて最後まで巻き、4で端につけたボンドで固定します。巻きが不揃いになってしまった場合は中心をピンセットではさんで巻き直します。

6 花びらが1つできました。

7 1～6と同様にして全部で35枚の花びらをつまみます。

8 土台布は使わず、CDケースに直接葺きます。花びらの後ろ側の下から2/3にボンドをつけ、CDケースの中央の円に沿って17枚葺きます。

9 ベージュの花びらのように、花びらが傾いているときはこの時点で修正します。

10 2段目の花びらにも8と同様にボンドをつけ、1段目の花びらのくぼみに乗せるようにして葺きます。

11 花びら同士が離れないようにして、12枚の花びらを葺きます。

12 上段になるほど、花びらは自然に立った状態になります。

13 3段目に6枚の花びらを葺きました。

14 最後は花びらの底にボンドをつけ、中心に立たせて葺きます。

15 横から見たときにきれいなドーム状になっているように、形を整えます。

16 花びらの間にボンドをつけたビーズを好みで入れます。乾燥したら、ピンセットでCDケースからそっと外し、裏に円形にカットした合皮を貼ります。

アジサイとバラの2Wayアクセサリー

色数も豊富なキュプラは、ふっくらさせたいお花にも良く合う素材。
大きさを変えることでアジサイにもバラにもアレンジできるつまみ方です。

つまみ方 / p.57　作り方 / p.99

五角バラ

剣つまみをアレンジして、五角形につまんだ花びらを重ねて作るバラの花です。
重なる枚数が多く、自然とふっくら立体的に仕上がります。
しっかり先を反らせることで引き締まった印象に。

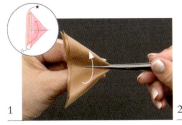

1
p.43の1〜4を参照して布を2回、半分に折ったら、三角形の中心をピンセットではさみ、図のように半分に折ります。

2
ピンセットで先をはさんだまま、斜め下に引いて先をとがらせ、反らせます。ここでは角度の説明のため先が指から出ていますが、実際は指に隠れた状態で作業します。

3
一度開きます。

4
2枚に開いた方の端に少量のボンドをつけてくっつけます。

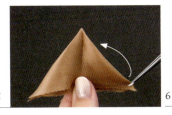

5
三角形の端をピンセットではさみ、後ろ側に折り上げます。

6
三角形の左側の辺の1/2に先がくるように折り上げたら、ボンドを少量つけて仮どめします。

7
反対側も同様に折り上げ、ボンドをつけてとめます。

8
1〜7と同様にして、9cm角・7cm角でつまんだ花びらをそれぞれ8枚用意します。

9
花びら(大)の裏側にボンドをつけます。

10
土台布にボンドをのばし、土台布の対角線上に花びらを葺きます。

11
土台布の中心に花びらの左右中心が集まるように、少し重ねながら十字に4枚の花びらを葺きます。1段目の重なりが多くなるほど、立体的に仕上がります。

12
2段目の花びらは1段目の花びらと互い違いになるようにして、11と同様に花びら(大)を4枚葺きます。

13
3段目は花びら(小)の裏にボンドをつけ、花びらの下辺で正方形ができるように間をあけて葺きます。

14
4段目は12と同様に、花びら(小)を4枚葺きます。

15
1段目の花びらの下に指を入れ、花びら全体を軽く持ち上げるようにして形を整えます。

16
花びらの先が少し上を向き、立体的になります。花芯を飾り、完全に乾燥させたら余分な土台布をカットします。

鶴の祝い飾り

おめでたい鶴の飾りは結婚式や、
お正月飾りにも活躍します。
緑と江戸紫の花飾りは男の子の七五三の袴にもよく似合います。

つまみ方 / p.22, p.42, p.59, p.60
作り方 / p.100

# 鶴

すっきりとした美しさを表現したい鶴には正絹やキュプラがおすすめ。
足や胴体はワイヤーとメタリックヤーンで作ります。

1　4cm角でつまんだ丸つまみを1枚、4cm角でつまんだ剣つまみを10枚、3cm角でつまんだ丸つまみを3枚、のり台の上で15分休ませます。

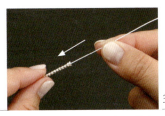
2　12cmにカットしたワイヤー（#24）を、10.5cmにカットしたメタリックヤーンに通します。

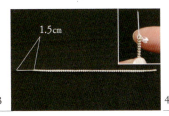
3　端から1.5cmワイヤーが出た状態になります。メタリックヤーンの境目に指でボンドを擦り込んで固定します。

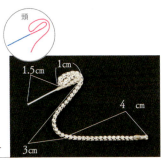
4　写真のようにワイヤーを曲げて胴体を作ります。

5　胴体を真上から見たところ。尾側の端を0.5cm折ります。

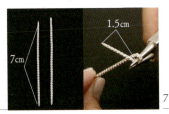
6　7cmにカットしたワイヤーを、同じ長さのメタリックヤーンに通して脚を作ります。2本作り、丸ヤットコで端から1.5cmのところに輪を作ります。

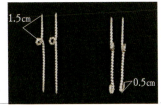
7　2本とも輪を作りました。右写真は脚を真上から見たところ。長い方の端を0.5cm左右対称に折ります。

8　5×10cmの土台布に胴体と脚を右上の写真のように置き、2.5cm角のかぶせ布をボンドで貼って固定します。

9　羽の部分の土台布にボンドをのばします。

10　かぶせ布の上・中央に4cm角でつまんだ丸つまみを葺き、左右に剣つまみを寝かせて葺きます。

11　胴体に近い羽から葺き、徐々に角度を寝かせて翼先は完全に寝かせて葺きます。

12　後ろから見たところ。左右の翼が対称になるように形を整えます。

13　中央の丸つまみの●を押して軽く押し開きます。

14　3cm角でつまんだ丸つまみを13の後ろに3枚入れます。

15　14で入れた尾の先が土台布の端になるように調整します。

16　いろいろな方向から形を確認して微調整します。完全に乾燥させたら余分な土台布をカットします。

葉のつまみ方

つまみの葉

花びらと一緒につまんで土台の上に葺きます。花びらと一体になった葉です。

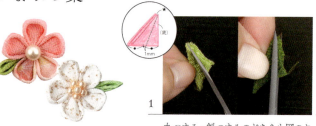

1　丸つまみ・剣つまみのどちらも図のように端切りをしてのりの上で花びらと一緒に15分休ませます。

2　花びらを葺き終えたら、右上の写真のようにピンセットで少しすきまをあけ、間に滑り込ませるようにして葉を葺きます。

3　花びらの間をとじます。花芯を飾って乾燥させたら、花と葉に沿って余分な土台布をカットします。

三枚葉

独立した葉のパーツです。台をつけた花と組み合わせて使います。

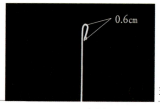
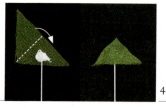
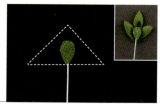

1　上の「つまみの葉」1と同様に端切りをした葉を15分のり台で休ませたら、のりのついていないCDケースに移して形を整え、乾燥させます。完全に乾燥したらCDケースからそっと外します。

2　13cmにカットした台用のワイヤー（#24）の先を0.6cm曲げます。

3　3cm角を半分にカットした三角形の布にボンドをつけて2を貼ります。布を半分に折り、ワイヤーをはさんで貼ります。

4　布をワイヤーに沿って滴型にカットし、1の裏にボンドで貼ります。

竹

独立した葉のパーツ。和風の花に似合う竹の葉です。

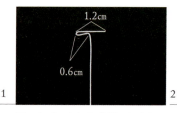
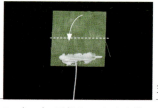
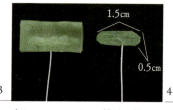

1　13cmにカットした台用のワイヤー（#24）の先を写真のように曲げます。

2　3cm角の布の下部分にボンドを塗って1を貼り、布を半分に折ってワイヤーをはさんで貼ります。

3　布をワイヤーに沿って横長の楕円形にカットします。

4　p.23の1〜7を参照して3cm角で丸つまみをつまみ、底に指でボンドを擦り込みます。

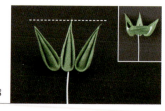

5　底を指で押さえてぴったりくっつけます。同じものを3枚作ります。

6　葉の背の部分にボンドをつけます。

7　3の中央に立たせて貼ります。

8　左右対称になるように残りの2枚も背にボンドをつけて台に貼ります。

七五三の5点セット

明るい紅白のちりめんに、ニュアンスのある
グレージュのちりめんを合わせておしゃれな雰囲気に。
髪型によって組み合わせを自由に楽しめます。

つまみ方 / 47・49… p.22, p.25, p.29　48… p.42, p.60
作り方 / p.102

花嫁の髪飾りとリングピロー

純白の花嫁衣裳には光沢のあるキュプラで作った髪飾りを。
大輪の花で飾ったリングピローは
一生使える宝箱になりそうです。

つまみ方 / 55~58…p.49 59…p.51
作り方 / 55~58…p.110 59…p.109

60

61

純白の花飾り

菊の花3輪をまとめた髪飾りは
和装の花嫁さんにも。
花部分と下がりは別パーツのため、
それぞれにアレンジして使えます。

つまみ方／60…p.51　61…p.60
作り方／60…p.108　61…p.111

花のまとめ方

花モチーフを作ったら、ワイヤーつきの花台をつけてまとめます。
葉の台の作り方は p.60 やそれぞれの作り方頁を参照しましょう。
髪飾りとしてもアクセサリーとしても使える2Way金具を使います。

花台の作り方

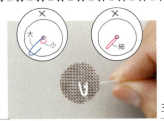

1 13cmにカットしたワイヤー（#24）を1本、直径1.5cmにカットした合皮1枚を用意します。※合皮の直径は花のサイズに合わせます。

2 合皮の中心にワイヤーを通し、ワイヤーの先を約0.6cm、2回折り曲げて抜けないようにします。

3 合皮の裏にボンドをのばします。

4 花モチーフの裏に3を貼りつけます。

2way金具のつけ方

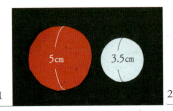

1 直径3.5cmに丸くカットした厚紙と、直径5cmにカットした布を用意します。※ここでは説明のため赤い布を使用しました。実際は髪の色に合わせて黒などの色を使用しましょう。

2 布の中央に厚紙を乗せ、のり代にボンドをのばして厚紙をくるんで貼ります。

3 2の中心に目打ちで穴をあけます。

4 中心の大きな花1輪、周囲の小花7輪を束ねて持ちます。

5 中心の花を、指から1.5cmの高さになるように下げます。

6 周囲の小花も中心の花と高さが合うようにワイヤーを曲げて、なだらかなドーム状になるよう形を整えます。

7 中心の花のワイヤーをとり、ほかの花のワイヤーにきつく、下へ下へと巻きつけて固定します。

8 7の軸に3を通します。

9 右上の写真のように平ヤットコでワイヤーの根元をはさみ、厚紙を平ヤットコまで下げたら、指でワイヤーの軸を90度倒します。

10 平ヤットコではさんだまま、ワイヤーの軸を平たく巻きます。2～3周巻いて厚紙が固定されたら、余分なワイヤーの軸をカットします。

11 巻いたワイヤーの中心にボンドをつけ、2Way金具のおわんの中にもボンドを入れます。中心が少し凹になる位の量が目安です。

12 11でボンドをつけた面を合わせ、洗濯ばさみで固定して乾燥させます。金具が傷まないよう、ブローチピンはあけておきます。乾燥したら花を6で整えた位置に戻します。

アクセサリーパーツの使い方

花モチーフの裏に直接アクセサリーパーツをつける方法です。
2Way金具は左頁の11のようにボンドを入れて花の裏に貼ります。

＊Tピン（丸玉つきピン）
横から見るとアルファベットのTに見えることからTピンと呼ばれます。ビーズを通して先を丸め、チェーンなどにつなぎます。

チェーン下がりの作り方

＊ヒキワ（左）・カニカン（右）
ネックレスなどでおなじみの留め金具。下のカンを開いてチェーンとつなぎましょう。

＊丸小ビーズ
Tピンを大きなビーズにそのまま通すと抜けてしまうため、丸小ビーズを入れてストッパーにします。

〈 ビーズのつけ方 〉

1. 丸小ビーズ、パールビーズの順にTピンに通します。メインのビーズの大きさに合わせて、Tピンの長さを選びましょう。ビーズの根元でTピンを90度曲げ、曲げたところから0.7cmのところをニッパーでカットします。

2. 先を丸めてチェーンにつなぎ、しっかり閉じます。この時、1で曲げた部分がのびないように注意しましょう。

〈 フックの作り方 〉

1. 丸ヤットコで逆U字型に曲げます。

2. 2Way金具の中にボンドを入れたら1で曲げたTピンを乗せ、花モチーフを貼ります。

3. ボンドが完全に乾いたら、下がりをかけやすい位置までTピンを立ち上げます。

＊丸カン
パーツ同士をつなぎ合わせるための接続金具。色や大きさに様々な種類があります。

〈 丸カンの使い方 〉

1. ペンチで両端を持ち、前後にずらすように開きます。

2. パーツ同士を接続し、ペンチで閉じます。

前差しかんざしの作り方

本格的なつまみ細工のかんざしの材料は
つまみ細工専門店で購入できます。ここで使用した材料は
p.74で紹介している「つまみ堂」で販売されています。

4パーツを作って組み立てます

〈 1本足（前差しの足） 〉

材料
極天糸 …… 適量
1本足 …… 2本
ワイヤー（#24）…… 7cm×6本

〈 銀ビラ 〉

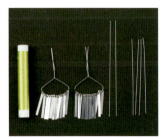

材料
極天糸 …… 適量
12枚銀ビラ …… 2本
ワイヤー（#24）…… 11cm×2本、
7cm×4本

〈 支え 〉

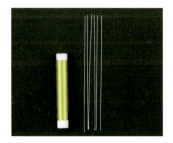

材料
極天糸 …… 適量
ワイヤー（#24）…… 15cm×6本

〈 中央の花 〉

材料
極天糸 …… 適量
三重の丸つまみ花モチーフ
　（ワイヤー台つき）…… 2本
基本の丸つまみ花モチーフ
　（紫／ワイヤー台つき）…… 2本
基本の丸つまみ花モチーフ
　（白／ワイヤー台つき）…… 2本
6枚葉（ワイヤー台つき）…… 2本

1本足

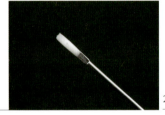

1　1本足の平らな部分にボンドをつけます。

2　極天糸の端を貼り、2～3回巻きつけます。

3　7cmにカットしたワイヤーを3本束ね、先にボンドをつけます。

4　1本足の平らな部分に貼ります。

5　ワイヤーと1本足を、極天糸で巻いて固定します。

6　巻き終わりは指にボンドをとり、極天糸に擦り込んでとめます。

7　ワイヤーと1本足が固定されました。

8　同じものを2本作ります。

銀ビラ

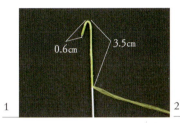

1

2

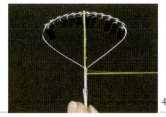

3

4

11cmのワイヤー1本にボンドを塗って極天糸を巻きつけ、先を0.6cm曲げます。糸は切らずにおいておきます。

銀ビラのループに1を上から引っかけ、軸とワイヤーを束ねます。

上から見たところ。銀ビラの軸のねじれがなくなったところから下に、7cmにカットしたワイヤーを2本揃えて添えます。

銀ビラの根元にボンドをつけます。

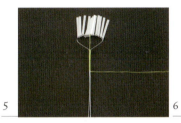

5

6

7

8

銀ビラの軸とワイヤーを一緒に極天糸で巻いて固定します。

端まで巻いたら糸をカットし、指先にボンドをとって擦り込んでとめます。

指に残ったボンドを軸にも擦り込みます。

1本できあがりました。同じものをもう1本作ります。

支え

1

2

3

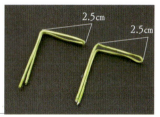

4

15cmにカットしたワイヤーを3本ずつ束ね、それぞれ極天糸で端から端まで巻いて固定します。

丸ヤットコで、2本一緒に半分に折ります。

わになった部分から2.5cmのところで、4本一緒に90度に曲げます。

支えが2つできました。

中央の花

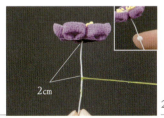

1

2

3

4

中心となる「基本の丸つまみ／紫」をとり、花の底から2cmのところにボンドをつけて極天糸を貼ります。

同じ花をもう1本束ね、Y字になるようにワイヤーを曲げて2本一緒に極天糸で2〜3回巻きます。

両サイドの花を、1本添えたら2〜3回巻くことをくり返します。下の白い花、葉の順に添え、同様に巻いて固定します。

すべてのパーツを束ねたら、極天糸を約4cm巻きつけて糸を切ります。

前差しかんざしの作り方

組み立て方

1 p.70・71で作った1本足・銀ビラ・支え・中央の花と、二重の丸つまみで作った花パーツを2本用意します。

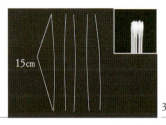

2 15cmにカットしたワイヤー（#24）を5本用意します。5本を束ねて先にボンドをつけます。

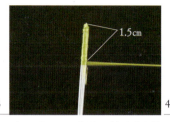

3 ボンドをつけた部分に極天糸を貼り、1.5cm巻きます。

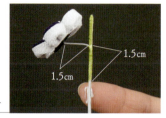

4 二重の丸つまみで作った花パーツを1本添えて写真のように曲げ、極天糸で続けて1.5cm巻いてボンドで固定します。

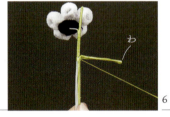

5 支えを添えて極天糸を2～3回巻きます。

6 1本足を上にして添え、極天糸を2～3回巻きます。

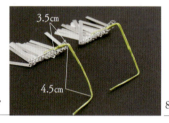

7 銀ビラの軸を写真のように90度曲げます。

8 支えと逆方向に銀ビラを添え、続けて2.5cm極天糸を巻いて固定します。

9 中央の花を写真のように90度曲げます。

10 花と軸の極天糸の巻き終わり位置を合わせ、指でボンドをつけ、続けて極天糸を巻きます。

11 4～8と逆順にそれぞれのパーツを固定します。端の花から2cm外側まで極天糸を続けて巻き、ボンドでとめて糸を切ります。

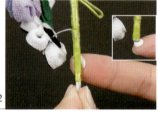

12 外側の花から1.5cmのところでワイヤーを切り、ボンドを擦り込んでとめます。ワイヤーの断面にもボンドをつけます。

13 ボンドが完全に乾いたら、ヤットコで写真のように角度をつけて頭の形に合わせます。

14 上から見たところ。角度は髪型に合わせて調整します。

前 花のバランスはすべて仕上がってからワイヤーを曲げて整えます。

後ろ 1本足を髪に挿して使います。

下がりの作り方

Uピンにつけた"くまで"に、メタリックヤーンを軸にした下がりをひっかけて作ります。

1. 図のように6cmと5.5cmにカットしたワイヤー（#24）の上をそろえ、3本一緒にワイヤーの先を1cm曲げます。

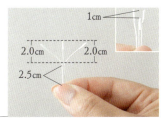

2. ワイヤーの下をそろえて持ち、下から2cmをボンドでとめて両脇のワイヤーをY字に広げます。

3. Uピンを開き、ボンドを塗って2のワイヤーの直線部分（2cm）を貼ります。

4. ワイヤーの直線部分の中央に極天糸を貼り、右方向に巻きます。ワイヤーの端まで巻いたらUピンに3回ほど巻き、左方向に巻きながら戻ります。

5. Uピンの角まで巻いたら、ワイヤーの反対側の端まで巻き戻ります。

6. 糸を切り、極天糸全体にボンドを薄くつけます。（ここでは見えやすくするために多めにつけています）

7. 指で極天糸にボンドを擦り込みます。

8. 完全に乾燥させたら、くまでの完成です。

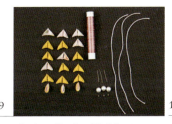

9. 下がりの花びら、極天糸、Tピン・パールビーズ・金ビーズ、メタリックヤーンを用意します。（種類や個数はそれぞれの作品の作り方頁を参照してください）

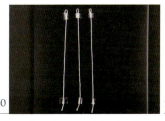

10. メタリックヤーンの先を1.8cm折ってボンドで固定して輪にします。下敷きにセロハンテープでメタリックヤーンの上下を固定します。

11. 下がりの花びらの背にボンドをつけ、メタリックヤーンをはさむようにして貼ります。

12. メタリックヤーンの輪のすぐ下から貼り始めます。

13. 作り方頁で指定の間隔、枚数をメタリックヤーンに貼ります。1本貼り終えたら14に進みます。

14. ボンドが乾かないうちに下敷きから外し、持ち上げてヤーンがねじれてしまっているところは指でつまんで修正します。

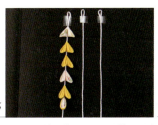

15. きれいに貼り終わったら下敷きに戻して乾燥させます。

16. 最初の1本に合わせて他の2本も花びらを貼り、14・15と同様に持ち上げて形を修正してから乾燥させます。最後に3つビーズ飾りをつけたら完成です。

つゆつきおすすめの材料が買えるお店 お問い合わせ先

shop つまみ堂
http://tsumami-do.com/
東京都台東区浅草橋3-20-16
TEL 03-3864-8716

世界で唯一の、つまみ細工の本格体験型店舗。伝統的なつまみ細工の用具・材料が豊富に揃います。カット済みの羽二重や、職人さんによるつまみ細工作品も購入できます。

web shop 布がたり
http://www.nunogatari.co.jp/
TEL 0745-78-7558

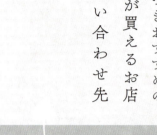

和風の布やちりめんが揃うインターネットショップ。一越ちりめんの色・柄も豊富で、イメージ通りの布が見つかります。10cmから、10cm単位で購入できるのも嬉しい。和柄のコットンなど、ほかにはない布の品揃えも魅力です。

（株）ルシアン
http://www.lecien.co.jp/
TEL 0120-817-125（お客様センター）

ムラ染めが美しい「アイランドスタイル キャシーマム」の"ラニダイ"、カラーバリエーションが豊富な「1000 Colors Collection」の無地コットンはつゆつきのつまみ細工の定番布。コシがあってつまみやすく、表も裏もきれいな発色が特徴です。

（株）リバティジャパン
http://www.liberty-japan.co.jp/
TEL 03-6421-8320（代表）

この本で使ったのはリバティプリントの代表的な生地、タナローン。質感がつまみやすく、柄や色使いが上品でどんな作品にもしっくりと馴染みます。つゆつきのおすすめは小さめの花柄。つまんでお花にしても柄がよく見えて素敵です。

〈ホームセンター・100円ショップなど〉

CDケースやマドラーはホームセンターなどで購入できます。

〈文具店〉

でんぷんのりや木工用ボンドは文具店で購入できます。

〈手芸店〉

鶴の脚や下がりなどに使うメタリックヤーン、極製のステッチ糸などは手芸店で購入できます。

How to make
作品の作り方

＊作り方イラストの中で特に指定のない数字の単位はcmです。
＊花モチーフ、葉のつまみ方はp.22〜p.60を参照してください。
＊アクセサリーパーツの使い方、台の作り方、まとめ方は
　p.68〜p.73を参照してください。
＊〈布の種類〉は、（用途）布の種類［色名］の順に掲載しています。
＊特に指定の無い材料は下記のお店、お問い合わせ先の商品です。
　お問い合わせ先の詳細はp.74をご覧ください。

・リバティプリント…（株）リバティジャパン
・鬼ちりめん、一越ちりめん…布がたり
・無地コットン…（株）ルシアン 1000colors Collection
・ムラ染めコットン…（株）ルシアン キャシーマムシリーズ

難易度の目安
❀マークは作品の難易度を表します。

❀❀❀…初心者さんにおすすめ。
　　　ボンドを乾かす時間を除けば1時間位で仕上がります。

❀❀❀…基本の丸つまみ・基本の剣つまみをマスターしたら作ってみましょう。
　　　花が小さな作品などです。

❀❀❀…花にワイヤー台をつけてまとめたり、花をたくさん作ります。
　　　花の形作りにコツが必要だったり、作る工程が多い作品です。
　　　時間に余裕をもって作業を始めましょう。

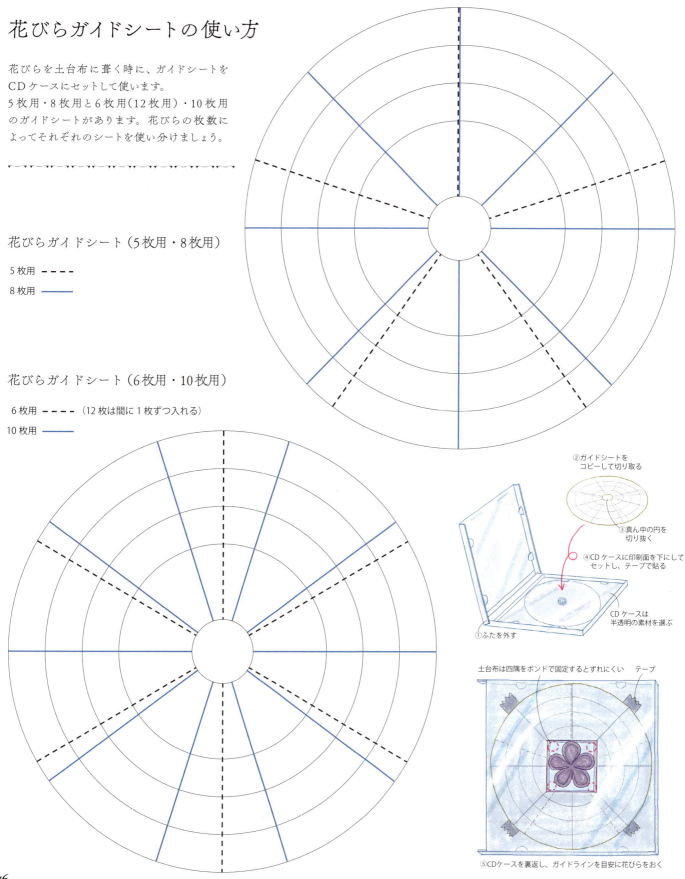

p.6

1・2・3・4・5 小さな花のヘアゴム

- ◆1・2花材料〈1点分〉　花びら用布…3cm角16枚／花芯…1 直径3mmチェコビーズ10個・直径8mmクリスタル1個、2 直径6mmつや消しパールビーズ7個
- ◆3～5花材料〈1点分〉　花びら用布…1.5cm角4枚×4輪／花芯…ラインストーンSS3・SS10適宜
- ◆仕立て材料〈1点分〉　くるみボタン芯(1・2…直径3.8cm、3～5…直径3.5cm)／包み布…6cm角1枚／丸ゴム23cm1本
- ◆つまみ方　1・2…p.35「ききょう」、3～5…p.31「丸裏返し」
- ◆花芯の飾り方（p.20-21参照）　1・2-1…チェコビーズをテグスで円にして、中心にクリスタルを飾る／2…「ビーズを円にして飾る」（6個を円にする）／3～5…ラインストーンを貼る

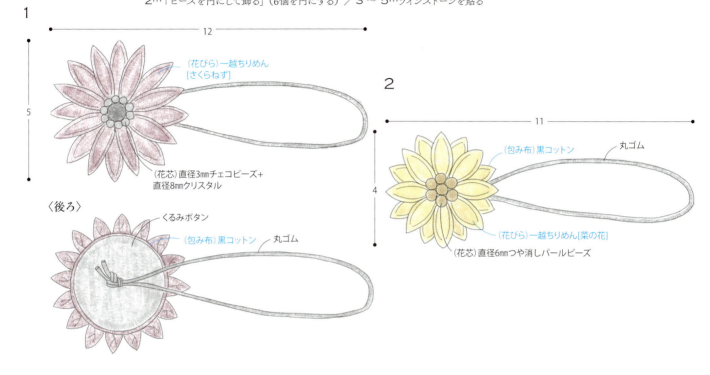

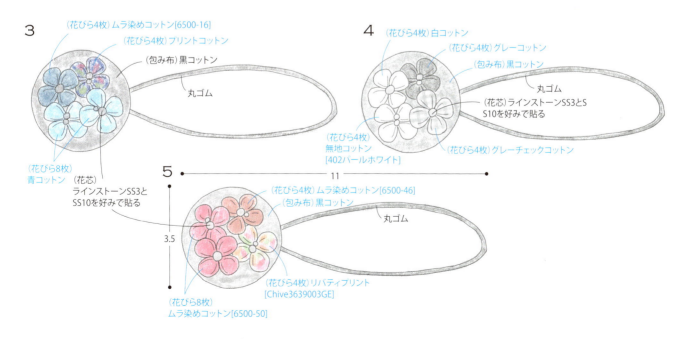

くるみボタンのヘアゴムの作り方

[作り方]
1. くるみボタンを作る

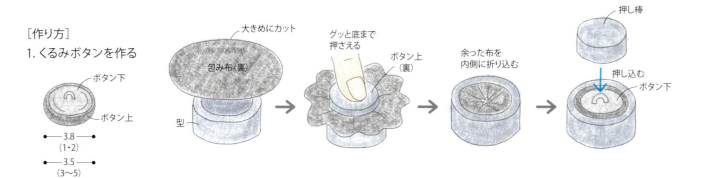

2. ゴムを通す

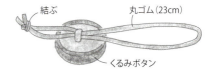

[実物大型紙]

3. 花びらを葺く

1・2　p.35「ききょう」を参照して花びらをつまむ

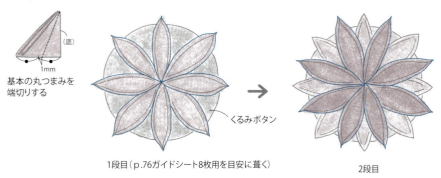

1段目（p.76ガイドシート8枚用を目安に葺く）　　2段目

3〜5　p.31「丸裏返し」を参照して花びらをつまむ

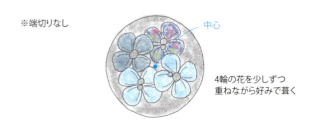

4輪の花を少しずつ重ねながら好みで葺く

p.8

8・9
桃色の七五三セット
❀❀❀

- ◆8花材料　土台布…[4枚花弁]3cm角3枚、[基本の丸つまみ]4cm角1枚／花びら用布…[4枚花弁]1.5cm角12枚、[基本の丸つまみ]3cm角5枚／花芯…直径4mmパールビーズ1個、直径4mmチェコビーズ6個、ペップ適宜
- ◆9花材料　土台布…[中央の花]6cm角・1.5cm角各1枚、[周囲の花]4cm角5枚／花びら用布…3cm角47枚　花芯…直径4mmチェコビーズ12個、ペップ適宜、直径8mmパールビーズ2個、直径10mmアクリルカットビーズ1個
- ◆仕立て材料　2Way金具1個、直径5cm黒コットン1枚、直径3.5cm厚紙1枚、ワイヤー(24号)13cm×12本、合皮…直径2cm1枚・直径1.5cm6枚・直径1cm3枚、Uピン2本、ベルベットリボン(図を参照)、極天糸
- ◆つまみ方　8…p.22「基本の丸つまみ」1輪、p.25「4枚花弁の丸つまみ」3輪／9…p.22「基本の丸つまみ」4輪、p.25「二重の丸つまみ」1輪、p.29「二段の丸つまみ」1輪
- ◆花芯の飾り方(p.20-21参照)「ビーズを1粒ずつ飾る」「ペップを飾る」「ビーズを円にして飾る」「ビーズとペップを飾る」

※8のUピンのつけ方はp.73を参照。9のまとめ方はp.68を参照。

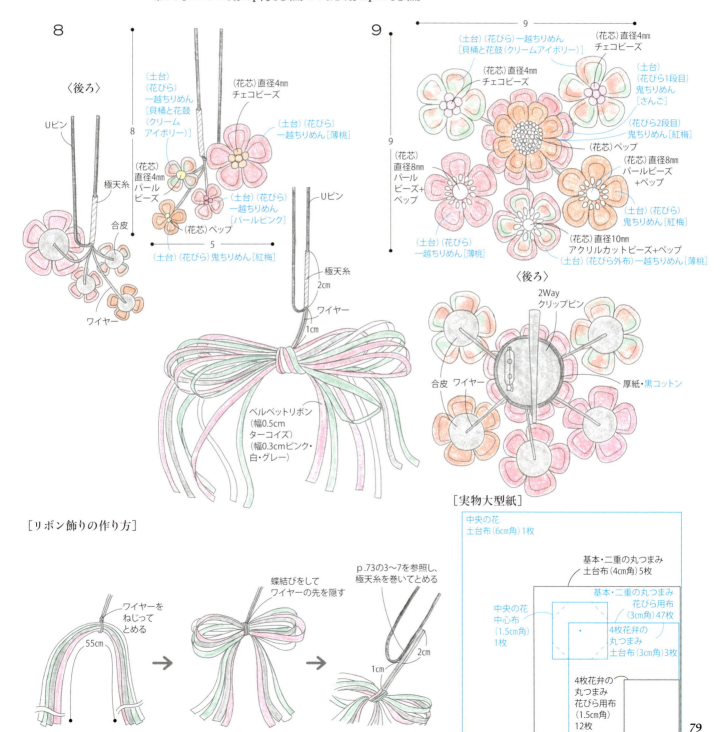

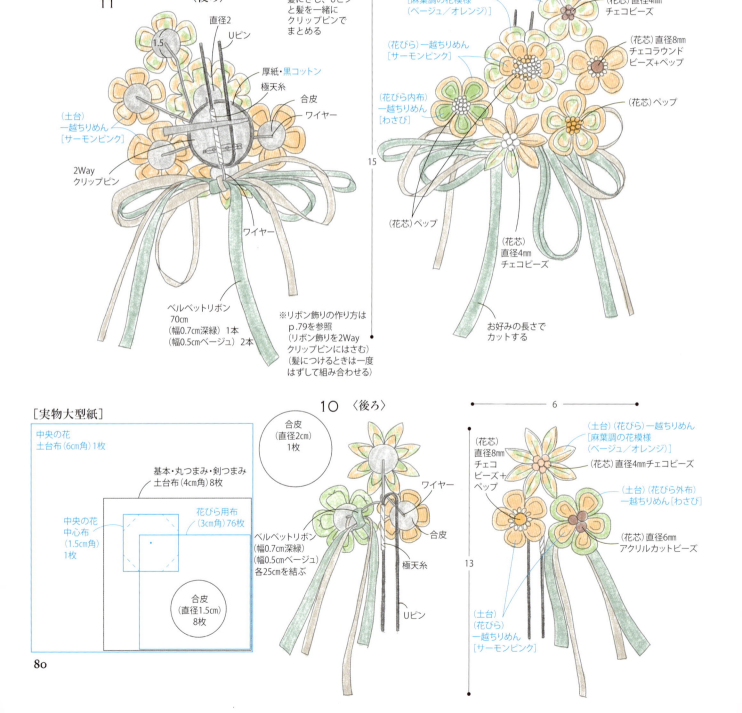

p.7
6・7 冬の髪飾りとイヤリング

🍀🌸🌸🌸

- ◆6花材料　土台布…5.5cm角2枚、4cm角1枚／花びら用布…4cm角12枚、3cm角4枚／葉用布…5cm角2枚／花芯用布…3×10cm3枚
- ◆6仕立て材料　2Way金具1個／直径5cm黒コットン1枚／直径3.5cm厚紙1枚／合皮・直径2cm2枚・直径1.5cm1枚／ワイヤー（24号）…13cm3本、25cm2本
- ◆7花材料〈1セット（両耳）分〉　花びら用布…1.5cm8枚／花芯…丸小ビーズ適宜
- ◆7仕立て材料〈1セット（両耳）分〉　直径1cmモチーフレース2枚／イヤリング金具1組／直径1cmコットンパール2個／丸小ビーズ2個／Tピン2本
- ◆つまみ方　6…p.25「4枚花弁の丸つまみ」、「二重の丸つまみ」、7…p.31「丸裏返し」
- ◆花芯の飾り方（p.20-21を参照）　6…「布の房を飾る」、7…「丸小ビーズを飾る」

*6のまとめ方はp.68を参照。7のTピンの使い方はp.69を参照。

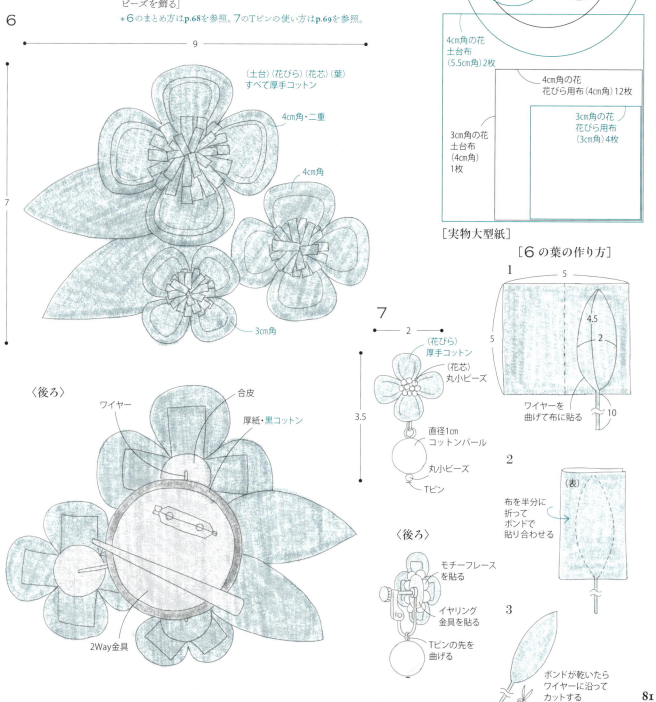

p.10

12・13 小花のピアス

- ◆花材料〈1セット（両耳）分〉　花びら用布…1.5cm角32枚／花芯…直径3mmマザーオブパール（天然石）24個
- ◆仕立て材料〈1セット（両耳）分〉　ピアス金具1組／直径30mmワイヤーフープラウンド2本／長さ1.5cm丸カンつきタッセル2点／9ピン2本
- ◆つまみ方　p.31「丸裏返し」
- ◆花芯の飾り方（p.20-21を参照）「ビーズを円にして飾る」

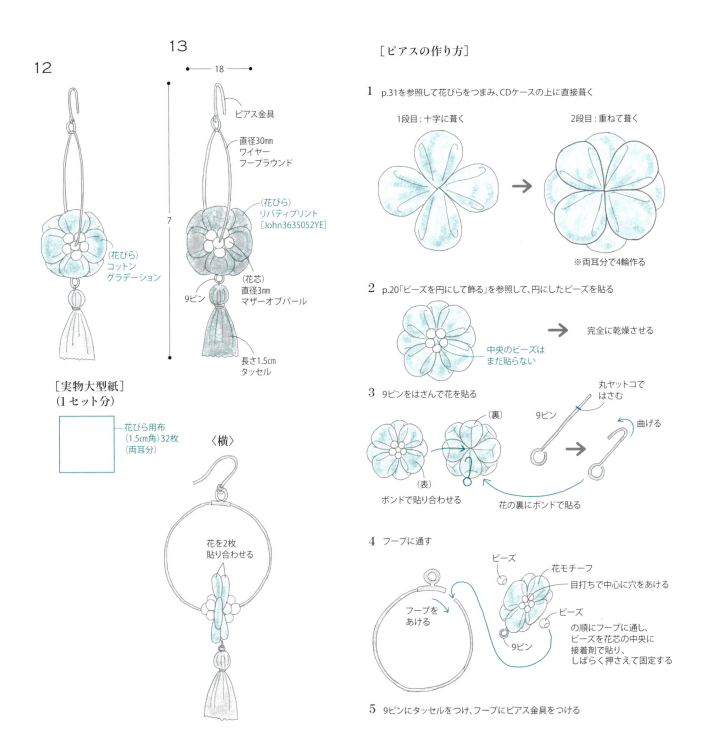

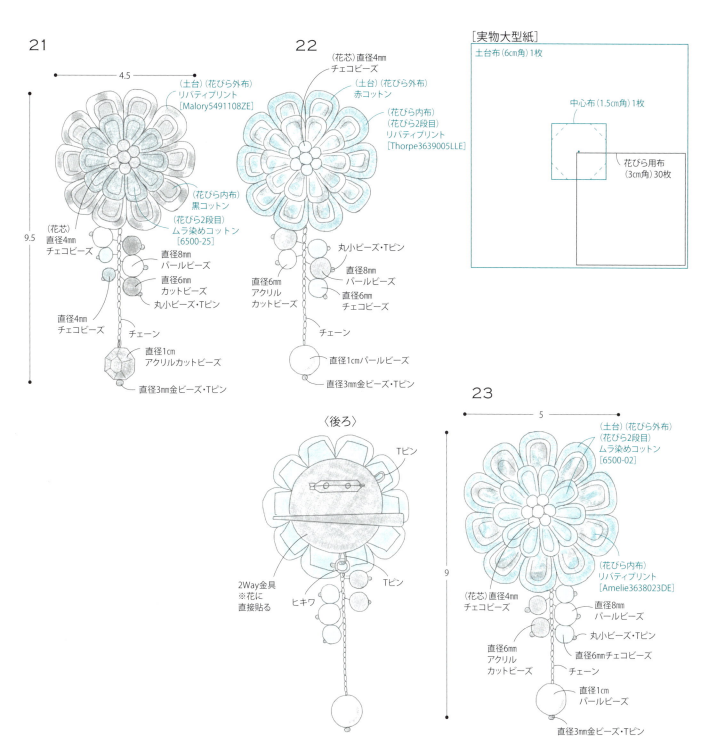

p.30
24・25 ガーベラのブローチ

- ◆花材料〈1点分〉 土台…直径6cm合皮1枚／花びら用布…3cm角16枚、1cm角12枚／花芯…直径3mm金ビーズ14個、ペップ適宜
- ◆仕立て材料〈1点分〉 ブローチ金具1個
- ◆つまみ方 p.31「丸裏返し」
- ◆花芯の飾り方（p.20-21を参照） 「ビーズを円にして飾る」「ペップを束にして飾る」※金ビーズ14個をテグスで円にして、中心にペップを飾る

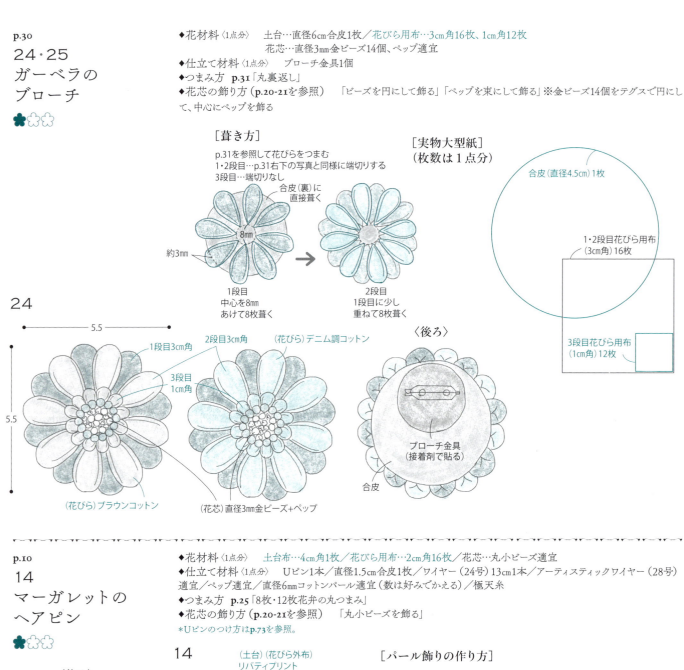

p.10
14 マーガレットのヘアピン

- ◆花材料〈1点分〉 土台布…4cm角1枚／花びら用布…2cm角16枚／花芯…丸小ビーズ適宜
- ◆仕立て材料〈1点分〉 Uピン1本／直径1.5cm合皮1枚／ワイヤー（24号）13cm1本／アーティスティックワイヤー（28号）適宜／ペップ適宜／直径6mmコットンパール（数は好みでかえる）／極天糸
- ◆つまみ方 p.25「8枚・12枚花弁の丸つまみ」
- ◆花芯の飾り方（p.20-21を参照） 「丸小ビーズを飾る」
- *Uピンのつけ方はp.73を参照。

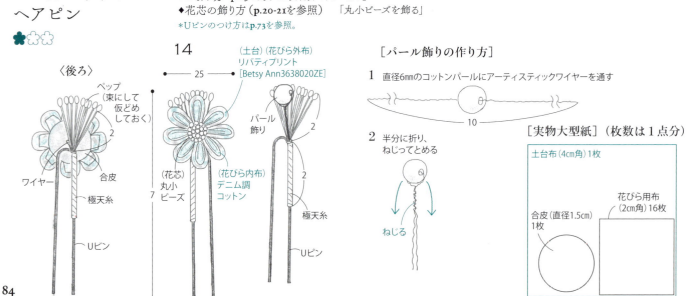

84

p.40

31 一輪花の髪飾り

- ◆花材料　直径5.5cm合皮1枚／紙粘土適宜／花びら用布…2.5cm角40枚、2cm角16枚
　花芯…直径4mmパールビーズ6個
- ◆仕立て材料　2Way金具1個
- ◆つまみ方　p.22「基本の丸つまみ」
- ◆花芯の飾り方（p.20-21を参照）　「ビーズを円にして飾る」

31

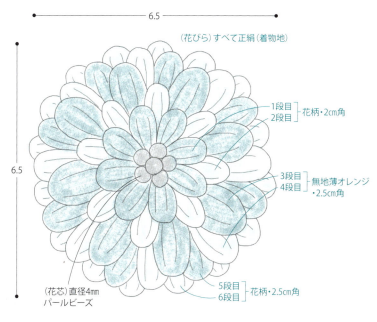

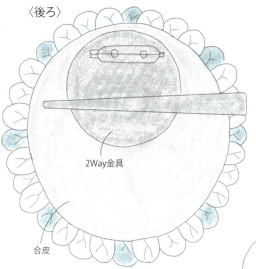

[実物大型紙]

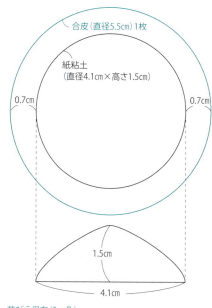

花びら用布（2cm角）
1段目・2段目各8枚

花びら用布（2.5cm角）
3段目8枚
4段目8枚
5段目8枚
6段目16枚
計40枚

[葺き方]

1　p.37の1～4を参照して紙粘土を土台布でくるんで貼り、合皮の中央にボンドで貼る

2　p.23を参照して基本の丸つまみをつまむ
※1～5段目は端切りなし
※6段目は図のように端切りしてからのり台に置く

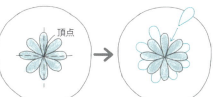

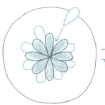

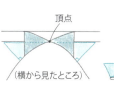

p.12

16・18・19・20 成人式の花飾り

※17の材料はp.111

🌸🌸🌸

- ◆16花材料　土台布…[中央の花] 5.5cm角・1.5cm角各1枚、[周囲の花] 4cm角7枚／花びら用布…3cm角61枚／葉・葉の台用布…3cm角12枚／花芯…図を参照
- ◆16仕立て材料　2Way金具1個／直径5cm黒コットン1枚／直径3.5cm厚紙1枚／合皮…直径2cm1枚・直径1.5cm7枚／ワイヤー（24号）13cm11本
- ◆つまみ方　p.22「基本の丸つまみ」、p.25「二重の丸つまみ」、p.29「二段の丸つまみ」、p.60「三枚葉」
- ◆花芯の飾り方（p.20-21を参照）　「ビーズの周りにペップを飾る」、「ビーズを円にして飾る」

＊まとめ方はp.68を参照。

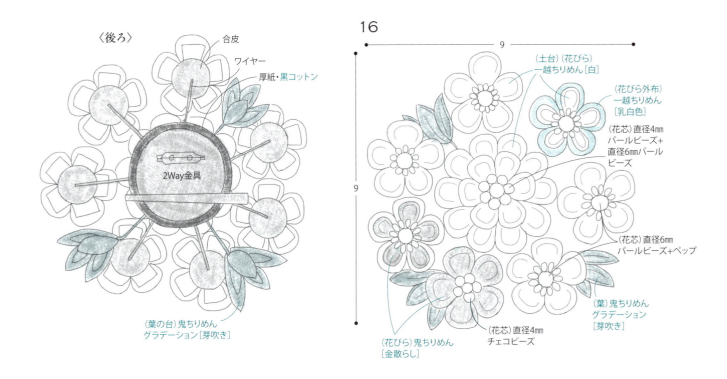

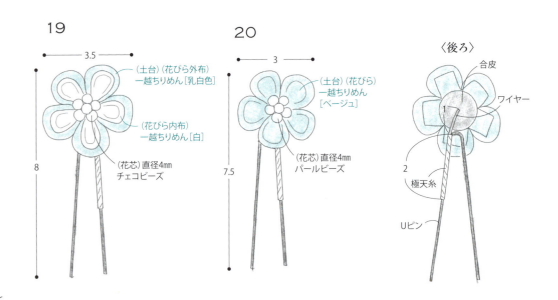

◆18・19・20花材料〈3点分〉　土台布…4cm角5枚／花びら用布…3cm角35枚／葉・葉の台用布…3cm角4枚／花芯…図を参照
◆18・19・20仕立て材料〈3点分〉　Uピン3本／直径1.5cm合皮5枚／ワイヤー（24号）13cm6本／極天糸
◆つまみ方　**p.22**「基本の丸つまみ」、**p.25**「二重の丸つまみ」、**p.60**「三枚葉」
＊Uピンのつけ方は**p.73**を参照。

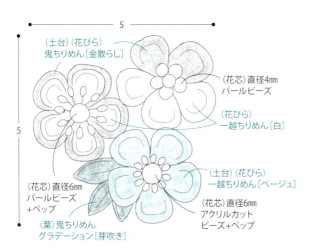

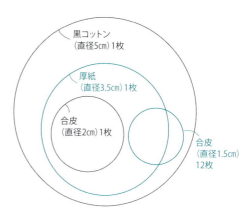

[実物大型紙]

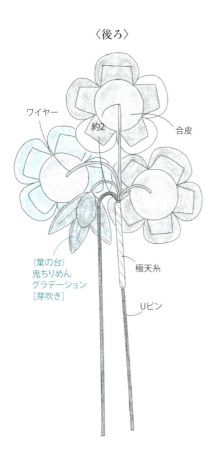

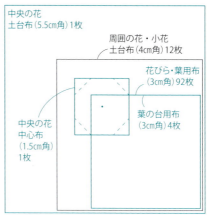

p.32

26・27・28 白バラのアクセサリーセット

- ◆26花材料　花びら用布…7cm角4枚、6cm角5枚、5cm角3枚／葉用布…6cm角1枚／花芯…丸小ビーズ適宜
- ◆26仕立て材料　2Way金具1個
- ◆つまみ方　p.33「フリルつまみのバラ」

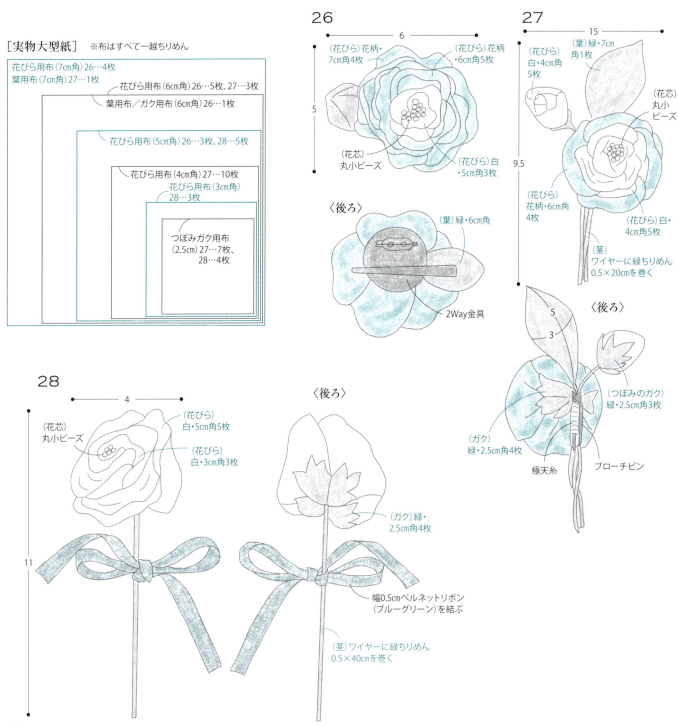

- ◆27花材料　花びら用布…6cm角4枚、4cm角10枚／ガク用布…2.5cm角7枚／葉用布…7cm角1枚／花芯…丸小ビーズ適宜
- ◆27仕立て材料　ブローチピン1本／ワイヤー（24号）…13cm2本・30cm1本／茎用布…0.5×20cm3枚／極天糸
- ◆28花材料　花びら用布…3cm角3枚、5cm角5枚／ガク用布…2.5cm角4枚／花芯…丸小ビーズ適宜
- ◆28仕立て材料　ワイヤー（24号）13cm1本／幅0.5cmベルベットリボン15cm／茎用布…0.5×20cm1枚
- ◆つまみ方　p.33「フリルつまみのバラ」

[26 作り方]

1　p.33の1〜12を参照して花を作る

2　
花の中心にボンドを入れる　丸小ビーズを入れて花芯を飾る

3　p.35「ききょう」を参照して6cm角のちりめんで葉をつまむ
※1のとき、押し開かずに作る

4　まとめる

③花を貼る　②葉を貼る　①ボンドを入れる　高さ約2

[27 作り方]　※作品28は2〜5と同様にして茎をつけ、リボンを結ぶ

1　p.33の1〜8を参照して花びらを作る

2　ワイヤーの先を曲げる

約0.7

3　ワイヤーに緑ちりめんを巻く
②端から巻く　①ワイヤーにボンドをつける　緑ちりめん　0.5cm
端まで巻いたら折り上げて余分をカットし、ボンドでとめる

4　1枚目の花びらを巻くときに、3を包んで巻く
花びら（裏）

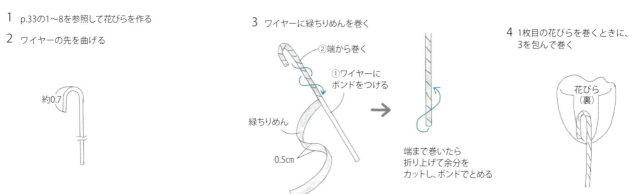

5　花にガクを貼り、26を参照して花芯を飾る
花、つぼみの底のカーブに沿わせる

6　葉を作る
5　3　7
ワイヤーを曲げて葉の形を作る
2本をまとめてボンドを塗り、0.5×20cmの緑ちりめんを巻く
緑ちりめん（7cm角）
葉用布にワイヤーをボンドで貼り、布を半分に折ってはさむ
※乾燥させたら、ワイヤーに沿ってカットする

8　ブローチピンをつける
①ブローチピンをあける　②ボンドをつけて極天糸で巻く　約3.5

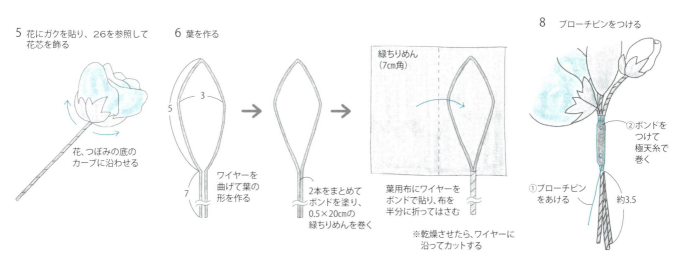

p.36
29
半くすのブローチ
🌸🌸🌼

- ◆花材料　土台布…8cm角1枚／直径4cm合皮1枚／紙粘土適宜／花びら用布…3cm角・2.5cm角・1.5cm角各16枚
　花芯…花座パーツ・直径8mmパールビーズ各1個
- ◆仕立て材料　2Way金具1個／Tピン1本
- ◆つまみ方・葺き方 **p.35**「ききょう」、**p.37**「とがり花弁の半くす」
- ◆花芯の飾り方（**p.20-21**を参照）　「1粒ずつビーズを飾る」

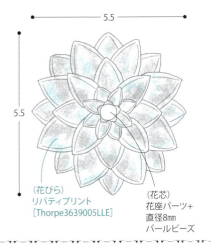

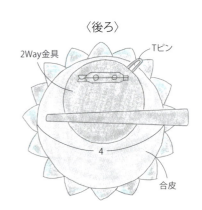

---

p.39
30
花鞠のかんざし
🌸🌸🌸

- ◆花材料　土台布…8cm角1枚／直径4.5cm合皮1枚／直径4cmスチロール球1/2個／花びら用布…1.5cm角88枚／蝶土台布…3cm角1枚／蝶羽用布…2.5cm角4枚、2cm角2枚／花芯…直径4mmチェコビーズ6個／蝶胴体…ペップ2本、直径3mmパールビーズ2個
- ◆仕立て材料　2本足かんざし1本／ワイヤー（24号）13cm3本／9ピン・Tピン各1本／長さ0.8cm滴型ビーズ1個／長さ17cmタッセル1点／直径1cm合皮1枚／極天糸
- ◆つまみ方 **p.22**「基本の丸つまみ」、**p.29**「蝶」
- ◆花芯の飾り方（**p.20-21**を参照）　「ビーズを円にして飾る」

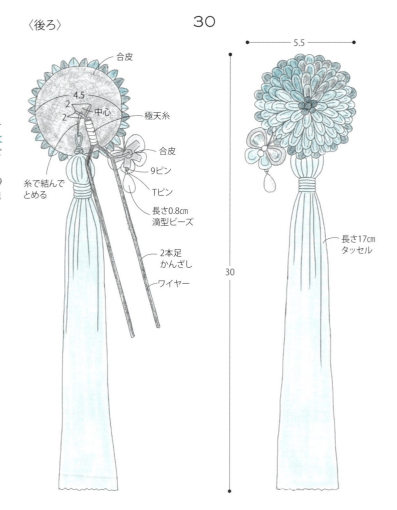

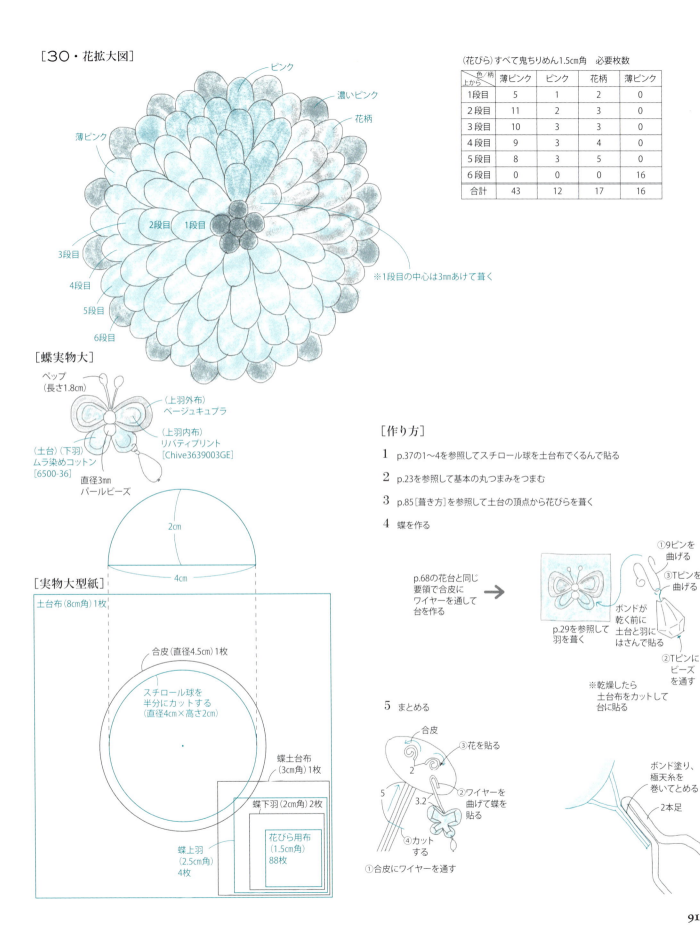

p.41

32・33 柳の花飾り
🌸🌸🌸

- ◆32花材料〈コーム・Uピン2点分〉　土台布…4cm角7枚／花びら用布…3cm角30枚、2.5cm角40枚／つぼみ用布…2.5cm角3枚、2cm角3枚／葉用布…3cm角3枚／つぼみガク用布…1.5cm角8枚／花芯…ラインストーンSS10・ペップ各適宜
- ◆32仕立て材料〈コーム・Uピン2点分〉　コーム1点／Uピン1本／ワイヤー（24号）13cm8本／フローラルテープ適宜／極天糸
- ◆つまみ方　花…p.25「二重の丸つまみ」、つぼみ…p.31「丸裏返し」、葉…p.35「ききょう」
- ◆花芯の飾り方（p.20-21を参照）　「ペップを束にして飾る」、「ペップをワイヤーで束ねて飾る」

＊花台の作り方はp.68を参照。Uピンのつけ方はp.73を参照。

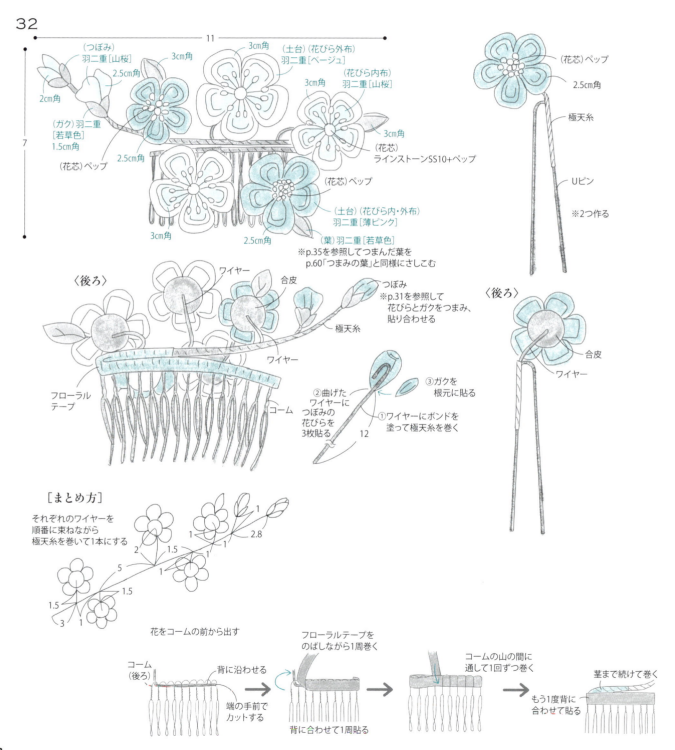

- ◆33花材料　土台布…4cm角7枚／花びら用布…3cm角30枚、2cm角96枚／柳の葉用布…2cm角77枚
　　　　　　花芯…ラインストーンSS10・ペップ各適宜
- ◆33仕立て材料　2本足かんざし1本／直径1.5cm合皮7枚／ワイヤー（24号）13cm13本／メタリックヤーン20cm6本／直径6mmチェコビーズ6個／丸小ビーズ6個／Tピン6本／極天糸
- ◆つまみ方　花…p.25「二重の丸つまみ」、p.29「二段の丸つまみ」※中心布は入れず、1段目の中心を3mmあけて葺く。　葉…p.53「クレマチス（剣裏返し）」
- ◆花芯の飾り方（p.20-21を参照）　「ペップを束にして飾る」、「ペップをワイヤーで束ねて飾る」

*花台の作り方はp.68を参照。

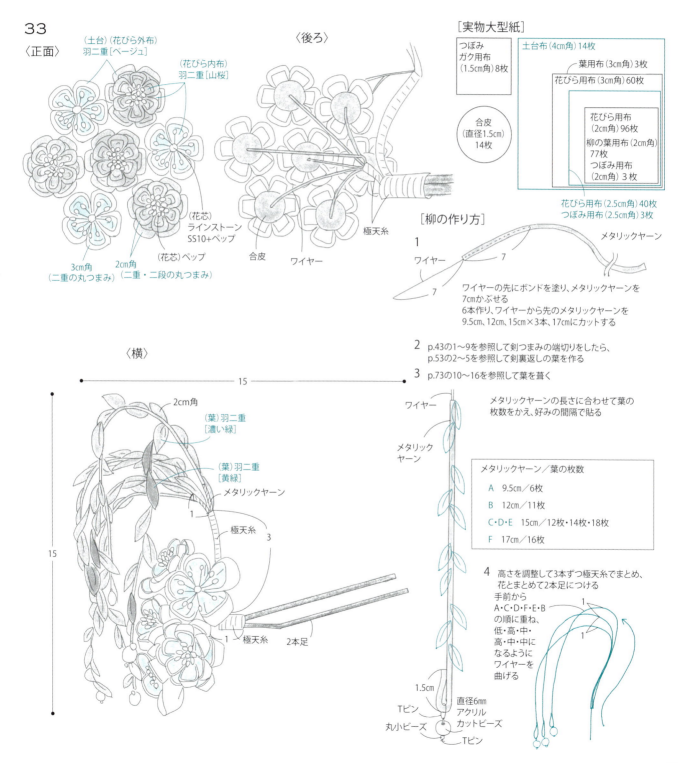

p.46
34・35・36・37 ナチュラルコサージュ

◆花材料〈1点分〉　土台布…5.5cm角・1.5cm角各1枚、4cm角7枚
　　　　　　　　花びら用布…3cm角 34・35 99枚、36 94枚、37 102枚
　　　　　　　　花芯…図を参照
◆仕立て材料〈1点分〉　2Way金具1個／直径5cm黒コットン1枚／直径3.5cm厚紙1枚／合皮…直径2cm1枚、直径1.5cm7枚／ワイヤー（24号）13cm8本／Tピン7本／ヒキワ1個／チェーン3.5cm／下がりのビーズ各種適宜（図を参照）
◆つまみ方　p.22「基本の丸つまみ」、p.25「二重の丸つまみ」、p.42「基本の剣つまみ」、p.45「二重の剣つまみ」、p.47「つゆつきの花（剣つまみ）」
◆花芯の飾り方（p.20-21を参照）　「1粒ずつビーズを飾る」、「ビーズの周りにペップを飾る」、「ビーズを円にして飾る」　＊まとめ方はp.68を参照。下がりの作り方はp.69を参照。

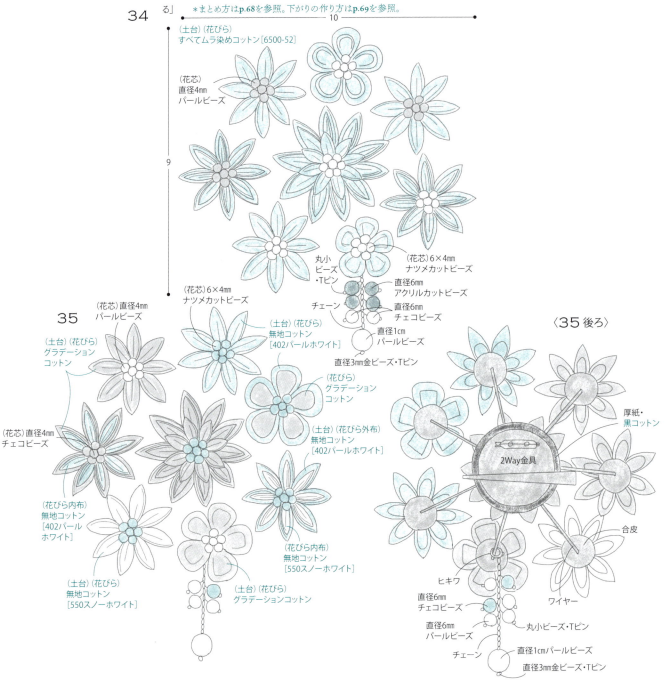

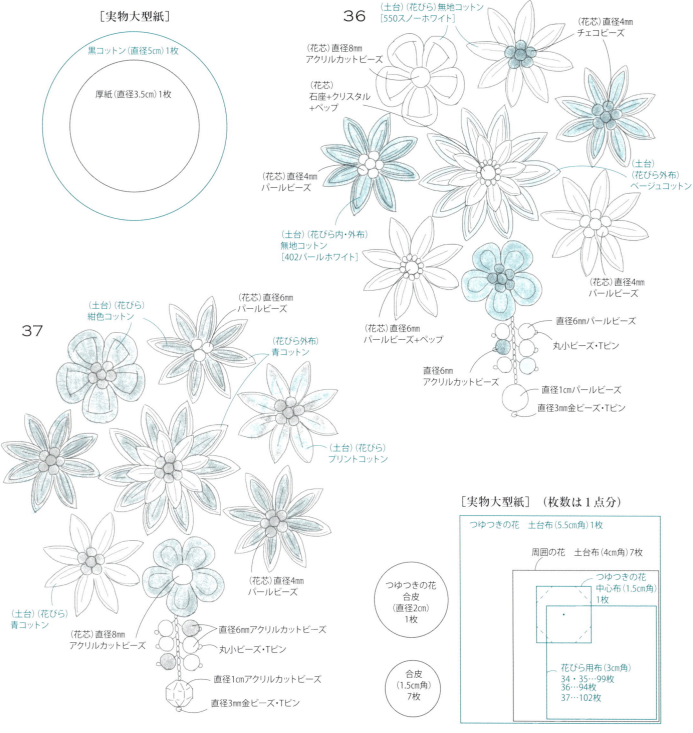

p.50

38・39・40 大菊の髪飾りとブローチ
❀❀✿

◆38花材料　土台布…10cm角1枚／花びら用布…10cm角13枚、9cm角13枚、7.5cm角11枚
　　　　　　花芯…ペップ適宜
◆38仕立て材料　2Way金具（直径3.8cm）1個／直径6cm黒コットン1枚／直径4.5cm厚紙1枚／直径7.5cm合皮1枚
◆つまみ方　p.51「菊」
◆花芯の飾り方（p.20-21を参照）　「ペップを束にして飾る」、下図参照

38

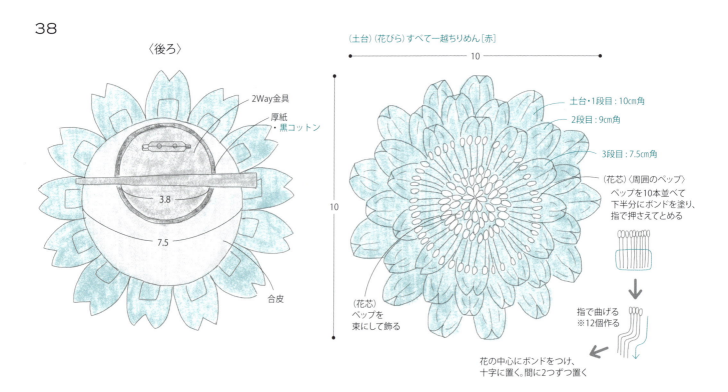

◆40花材料　土台布…7.5cm角1枚／花びら用布…7.5cm角12枚、6cm角11枚、5cm角10枚
　　　　　　花芯…ペップ適宜
◆40仕立て材料　2Way金具1個／直径4.5cm合皮1枚
◆つまみ方　p.51「菊」
◆花芯の飾り方（p.20-21を参照）　「ペップを束にして飾る」

40

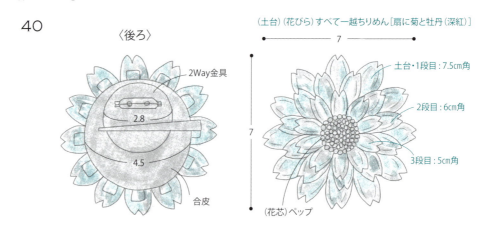

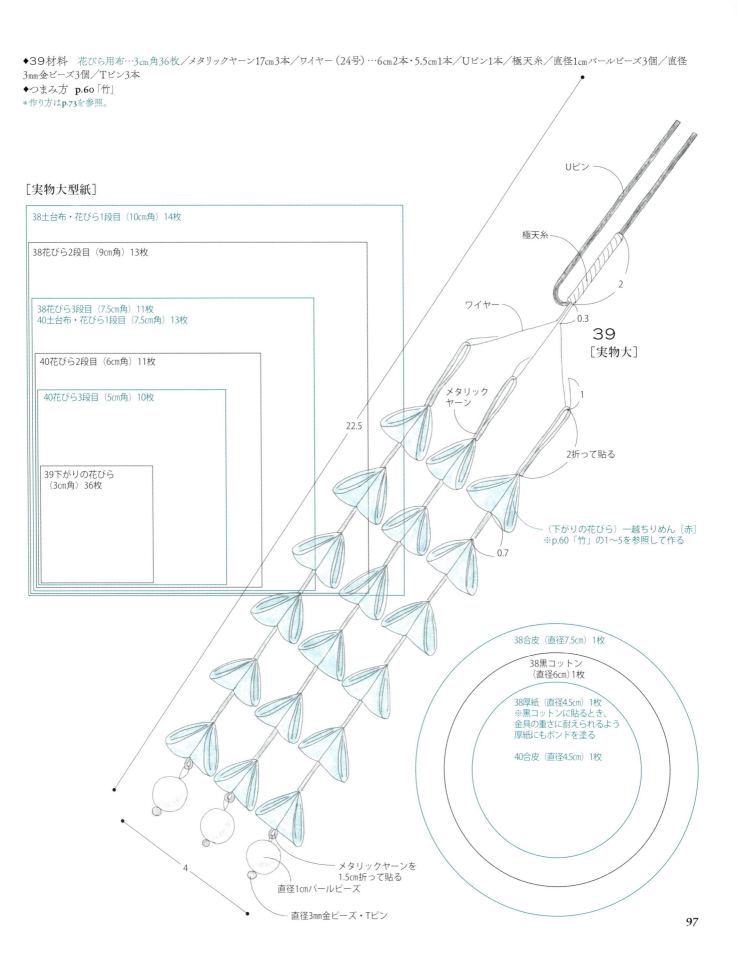

p.52
41・42
洋花飾り

- ◆41花材料　土台…合皮14cm角1枚／花びら用布…9cm角18枚／花芯…ペップ適宜／紙粘土適宜
- ◆41仕立て材料　2Way金具（直径3.8cm）1個／変わり糸 約3m／ワイヤー（24号）…13cm1本
- ◆つまみ方　p.53「クレマチス（剣裏返し）」
- ◆花芯の飾り方（p.20-21を参照）　「ペップを束にして飾る」、p.53の13〜16を参照

＊42はp.53の13〜16を参照して花を作り、p.89「6.葉を作る」を参照して12cm角の布で葉を作ってまとめる。

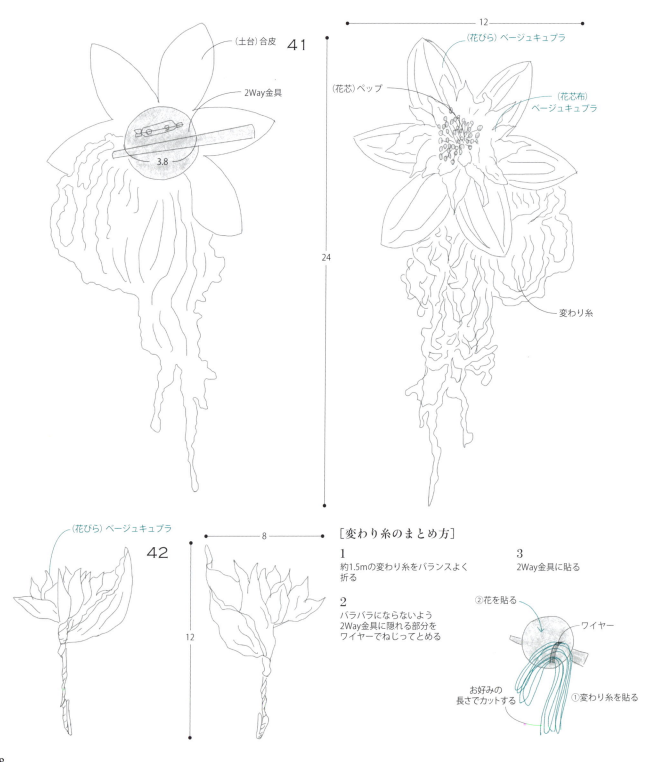

[変わり糸のまとめ方]

1　約1.5mの変わり糸をバランスよく折る

2　バラバラにならないよう2Way金具に隠れる部分をワイヤーでねじってとめる

3　2Way金具に貼る

p.56

43・44
アジサイと
バラの
2Wayアクセサリー

◆43花材料　土台布…4cm角8枚／花びら用布…3cm角36枚／葉用布…6cm角・5cm角各1枚
　　　　　　花芯…ペップ適宜
◆43仕立て材料　2Way金具1個／直径5cm黒コットン1枚／直径3.5cm厚紙1枚／直径1cm合皮8枚／ワイヤー（24号）13cm10本（花用8本、葉用2本）
◆つまみ方　花…p.57「五角バラ」※中央の花のみ2段、周囲の花はすべて1段、葉…p.53「クレマチス（剣裏返し）」1〜5（端切りの高さは好みでかえる）
◆花芯の飾り方（p.20-21を参照）　「ペップを束にして飾る」

＊まとめ方はp.68を参照。

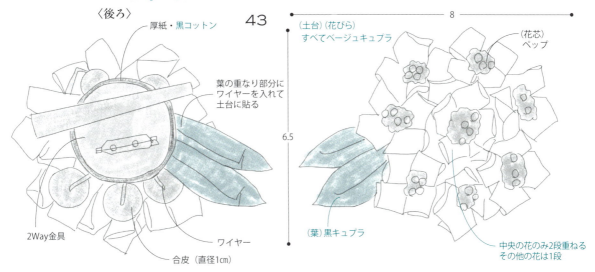

◆44花材料　土台…合皮9cm角1枚／花びら用布…9cm角・7cm角各8枚／葉用布…7.5cm角2枚
　　　　　　花芯…ペップ適宜
◆44仕立て材料　2Way金具1個／ワイヤー（24号）13cm2本（葉用）
◆つまみ方　花…p.57「五角バラ」、葉…p.53「クレマチス（剣裏返し）」1〜5（端切りの高さは好みでかえる）
◆花芯の飾り方（p.20-21を参照）　「ペップを束にして飾る」

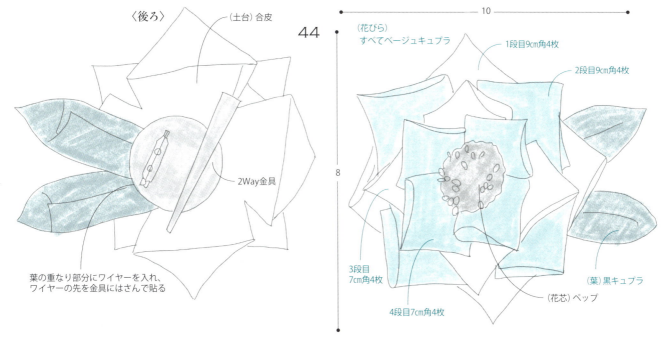

p.58

45・46
鶴の祝い飾り
🌸🌸🌸

- ◆花材料〈1点分〉　土台布…4cm角7枚／花びら用布…3cm角35枚／葉・葉の台用布…3cm角8枚
  花芯…直径4mmチェコビーズ7個、ペップ適宜
- ◆鶴材料〈1点分〉　土台布…5×10cm1枚／かぶせ布…2.5cm角1枚／羽用布…4cm角11枚、3cm角3枚
  ワイヤー（24号）…10.5cm1本、7cm2本／メタリックヤーン…12cm1本、7cm2本
- ◆仕立て材料〈1点分〉　2Way金具1個／直径5cm黒コットン1枚／正絹5×11cm1枚／厚紙…直径3.5cm1枚、3×9cm1枚／
  直径1.5cm合皮7枚／ワイヤー（24号）13cm11本
- ◆つまみ方　p.22「基本の丸つまみ」、p.59「鶴」、p.60「竹」
- ◆花芯の飾り方（p.20-21を参照）　「ペップをワイヤーで束ねて飾る」

＊まとめ方はp.68を参照。

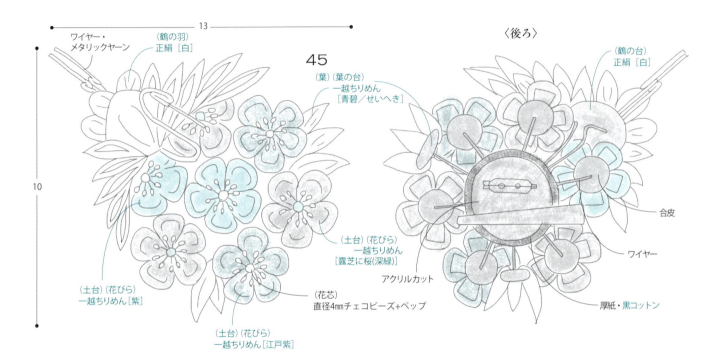

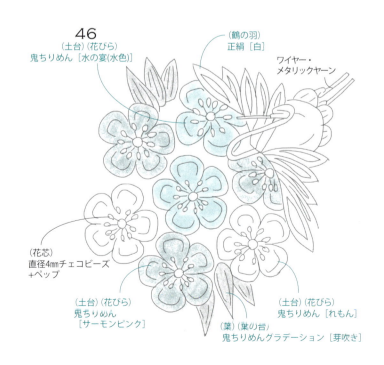

[実物大型紙]（枚数は1点分）

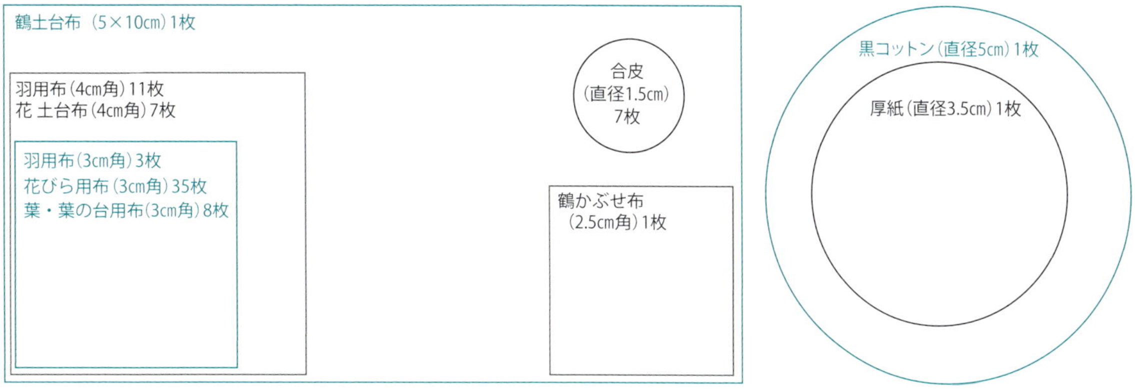

鶴土台布（5×10cm）1枚

羽用布（4cm角）11枚
花 土台布（4cm角）7枚

羽用布（3cm角）3枚
花びら用布（3cm角）35枚
葉・葉の台用布（3cm角）8枚

合皮（直径1.5cm）7枚

鶴かぶせ布（2.5cm角）1枚

黒コットン（直径5cm）1枚
厚紙（直径3.5cm）1枚

[鶴の脚実物大]

[鶴の胴体と脚のバランス]

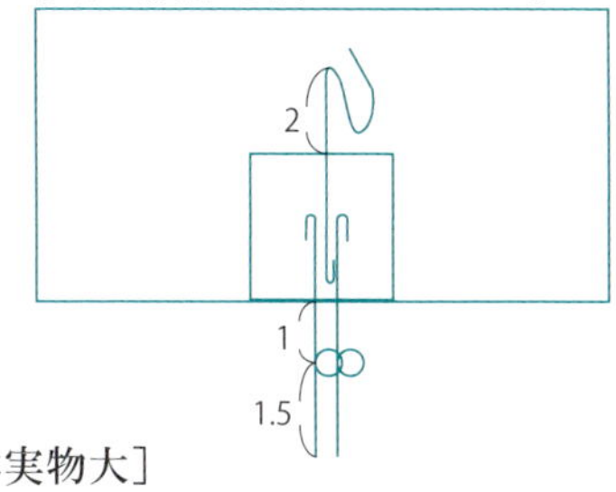

2
1
1.5

[鶴胴体実物大]

[パーツの長さ実物大]

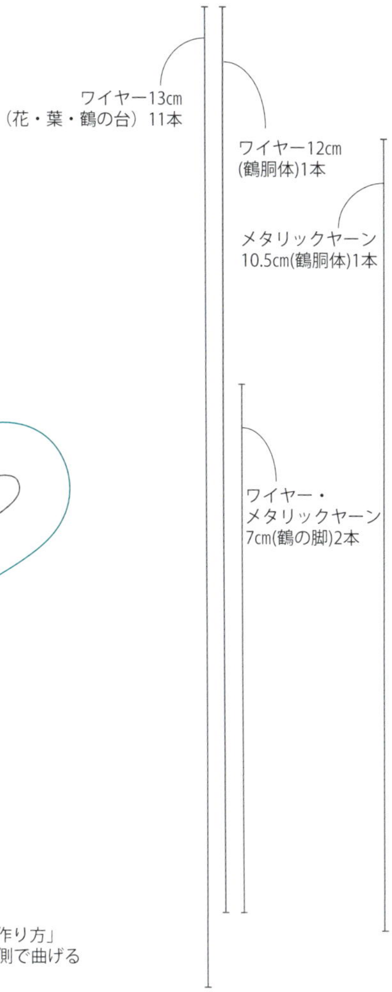

ワイヤー13cm（花・葉・鶴の台）11本

ワイヤー12cm（鶴胴体）1本

メタリックヤーン10.5cm（鶴胴体）1本

ワイヤー・メタリックヤーン7cm（鶴の脚）2本

正絹［白］

[鶴の台実物大型紙]

ワイヤー位置
厚紙

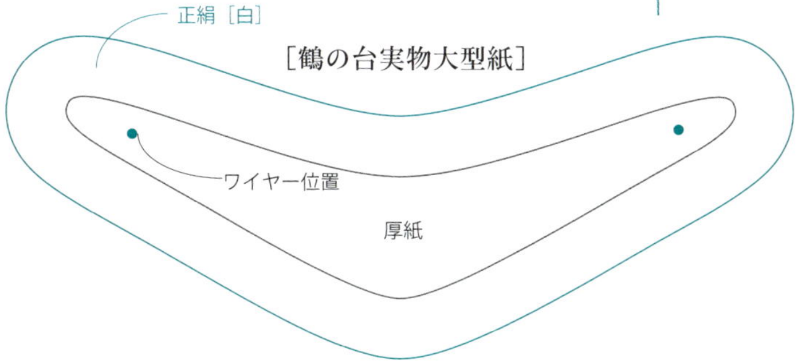

[鶴の台の作り方]

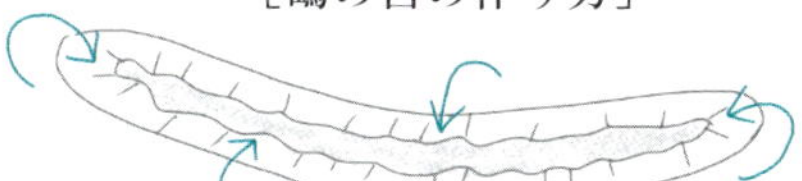

①厚紙を布でくるんで貼る

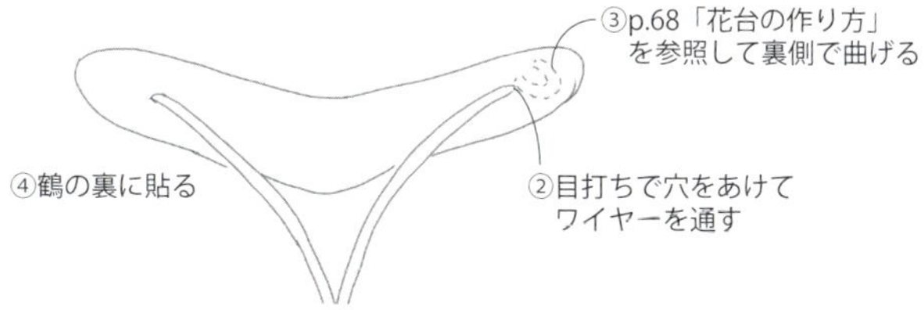

③p.68「花台の作り方」を参照して裏側で曲げる

④鶴の裏に貼る

②目打ちで穴をあけてワイヤーを通す

p.61

47・48・49・50・51 七五三の5点セット

◆47花材料　土台布…5.5cm角・1.5cm角各1枚、4cm角7枚／花びら用布…3cm角65枚／花芯用布…3cm角6枚
　　　　　　花芯…直径8mmパールビーズ6個、ペップ適宜、直径4mmチェコビーズ6個
◆47仕立て材料　2Way金具1個／直径5cm黒コットン1枚／直径3.5cm厚紙1枚／合皮…直径2cm1枚、直径1.5cm7枚／ワイヤー（24号）13cm8本
◆つまみ方　p.22「基本の丸つまみ」、p.25「二重の丸つまみ」、p.29「二段の丸つまみ」
◆花芯の飾り方（p.20-21を参照）　図を参照。「1粒ずつビーズを飾る」、「ビーズの周りにペップを飾る」、「ビーズを円にして飾る」
＊まとめ方はp.68を参照。

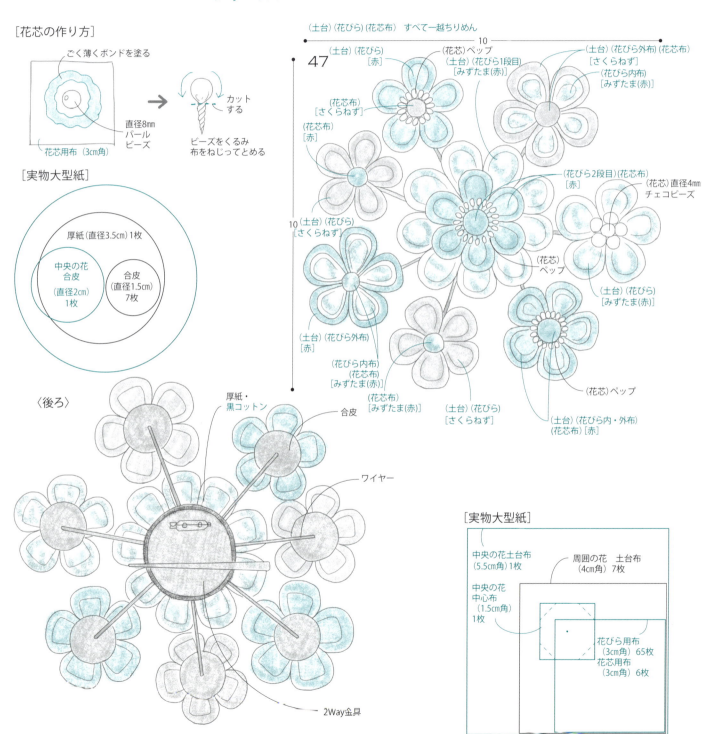

102

◆**48材料** 花びら用布…3cm角24枚／メタリックヤーン…18.5cm2本・16cm1本／ワイヤー（24号）…6cm2本・5.5cm1本／Uピン1本／極天糸／直径1cmパールビーズ3個／直径3mm金ビーズ3個／Tピン3本
◆**つまみ方** p.42「基本の剣つまみ」、p.60「竹」
＊作り方はp.73を参照。

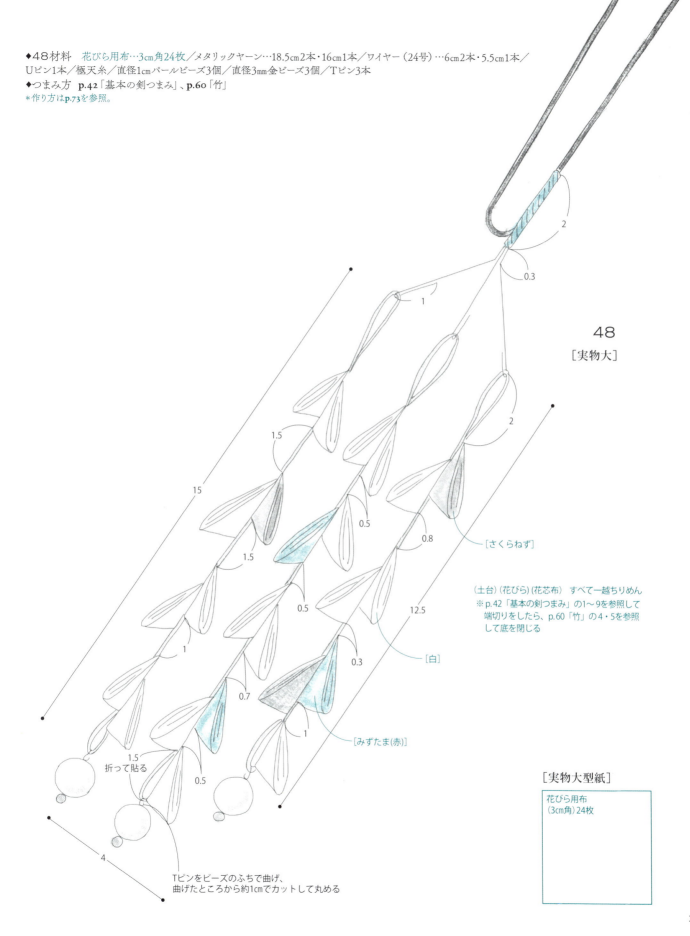

48
[実物大]

[さくらねず]

（土台）（花びら）（花芯布）すべて一越ちりめん
※ p.42「基本の剣つまみ」の1〜9を参照して端切りをしたら、p.60「竹」の4・5を参照して底を閉じる

[白]

[みずたま(赤)]

Tピンをビーズのふちで曲げ、曲げたところから約1cmでカットして丸める

[実物大型紙]

花びら用布
（3cm角）24枚

- ◆49花材料　土台布…4cm角3枚／花びら用布…3cm角20枚／花芯用布…3cm角3枚／花芯…直径8mmパールビーズ1個、直径6mmパールビーズ2個、ペップ適宜
- ◆49仕立て材料　Uピン1本／ベルベットリボン（図を参照）／直径1.5cm合皮3枚／ワイヤー（24号）13cm3本／ワイヤー（28号）適宜／極天糸
- ◆つまみ方　p.22「基本の丸つまみ」、p.25「二重の丸つまみ」
- ◆花芯の飾り方（p.20-21を参照）　p.102の図を参照。「ビーズを1粒ずつ飾る」、「ビーズの周りにペップを飾る」

＊花台の作り方はp.68を参照。Uピンのつけ方はp.73を参照。

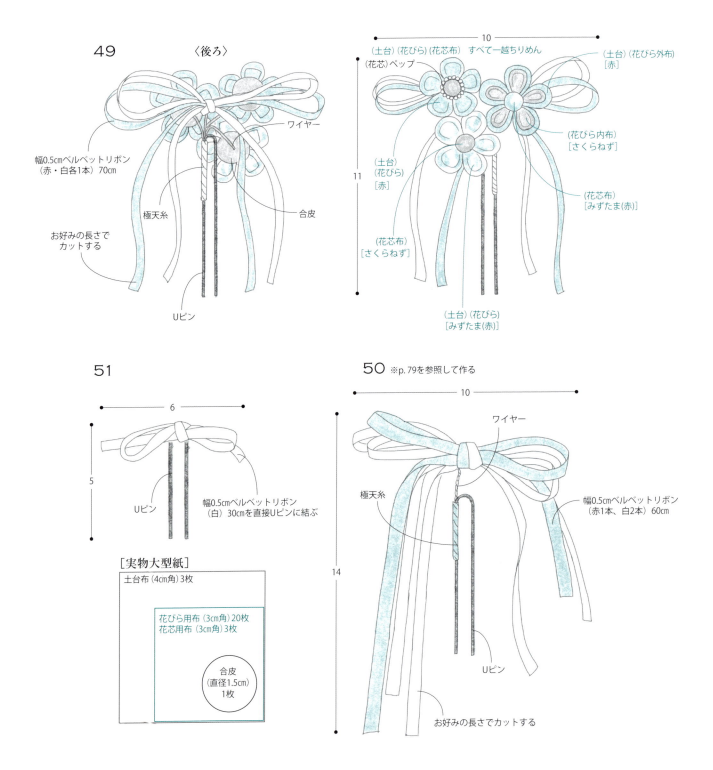

p.62

52・53・54
前差しと2本足のかんざし
❀❀❀

- ◆53花材料　土台布…5.5cm角2枚、3cm角6枚／花びら用布…4cm角10枚、3cm角10枚、2cm角50枚／葉・葉の台用布…3cm角2枚、2cm角14枚／花芯…図を参照
- ◆53仕立て材料　直径1.5cm合皮8枚／ワイヤー（24号）13cm10本／その他の材料はp.70参照
- ◆つまみ方　p.22「基本の丸つまみ」、p.25「二重の丸つまみ」、p.60「三枚葉」、図を参照
- ◆花芯の飾り方（p.20-21を参照）　「ビーズを円にして飾る」、「ペップを束にして飾る」、「ペップをワイヤーで束ねて飾る」

＊作り方はp.70を参照。着用時はワイヤーを曲げて花の向きを調整する。

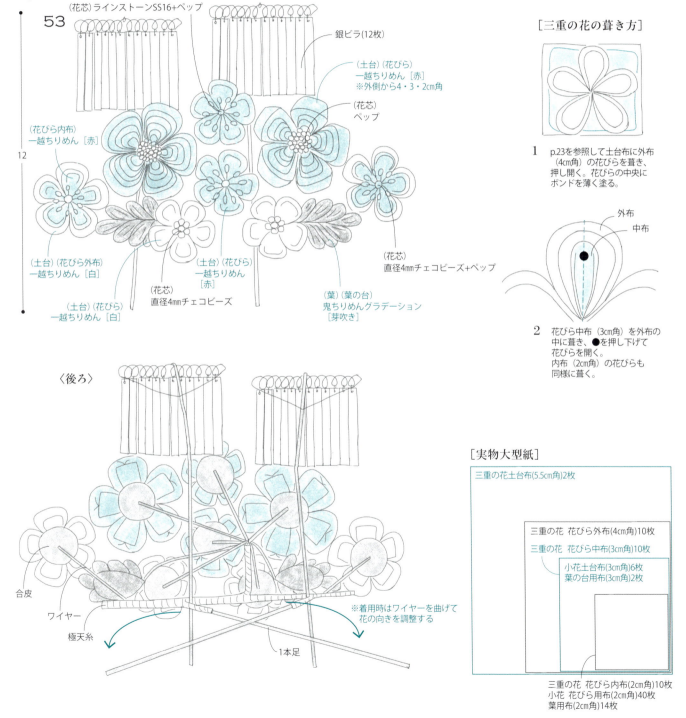

- ◆52花材料　土台布…3cm角7枚／花びら用布…2cm角40枚／葉・葉の台用布…3cm角3枚、2cm角21枚／花芯…図を参照
- ◆52仕立て材料　2本足かんざし1本／直径1.5cm合皮7枚／ワイヤー（24号）…13cm10本・11cm1本／銀ビラ（12枚）1本／極天糸
- ◆つまみ方　**p.22**「基本の丸つまみ」、**p.25**「二重の丸つまみ」、**p.60**「三枚葉」
- ◆花芯の飾り方（**p.20-21**を参照）　「ペップを束にして飾る」、「ペップをワイヤーで束ねて飾る」

＊銀ビラパーツの作り方は**p.71**を参照。パーツをまとめ、極天糸で巻いて2本足かんざしにとめる。着用時はワイヤーを曲げて花の向きを調整する。

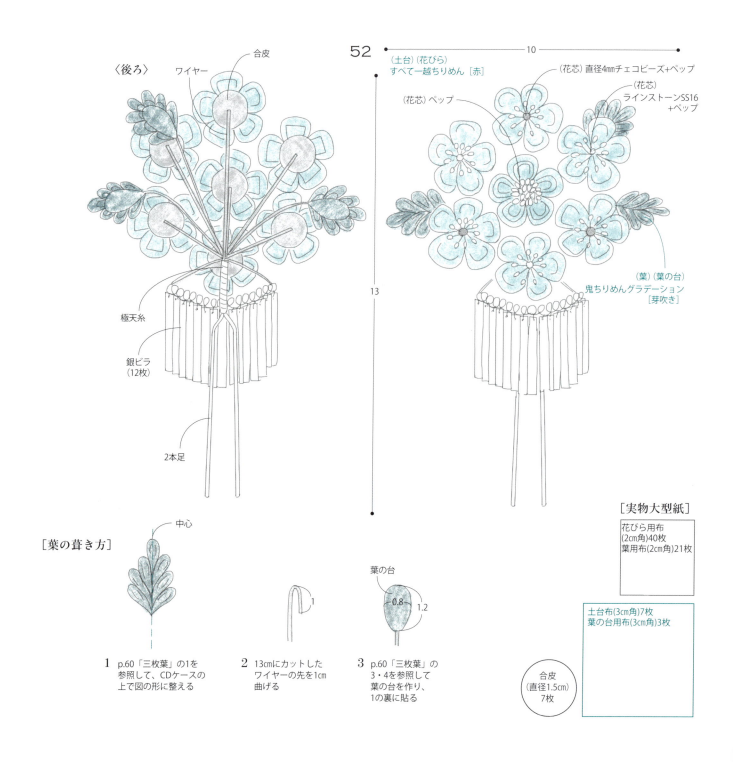

106

◆54 花材料　土台布…3cm角6枚／花びら用布…2cm角45枚／下がりの花びら用布…33枚／花芯…図を参照／葉・葉の台用布…3cm角1枚、2cm角7枚／蝶土台布…3cm角1枚／蝶羽用布…2cm角4枚、1.5cm角2枚／蝶の胴体…黄色ワイヤー2本、直径4mmアクリルビーズ3個

◆54 仕立て材料　2本足かんざし1本／合皮…直径1.5cm6枚、直径1cm1枚／ワイヤー（24号）…13cm8本、6cm2本、5.5cm1本／メタリックヤーン11cm3本／直径0.6cm鈴3個

◆つまみ方　p.22「基本の丸つまみ」、p.25「二重の丸つまみ」、p.29「蝶」、p.60「三枚葉」(p.106の図を参照)

◆花芯の飾り方(p.20-21を参照)　「ペップを束にして飾る」、「ペップをワイヤーで束ねて飾る」

＊花台の作り方はp.68を参照。下がりの作り方はp.73を参照。着用時はワイヤーを曲げて花の向きを調整する。

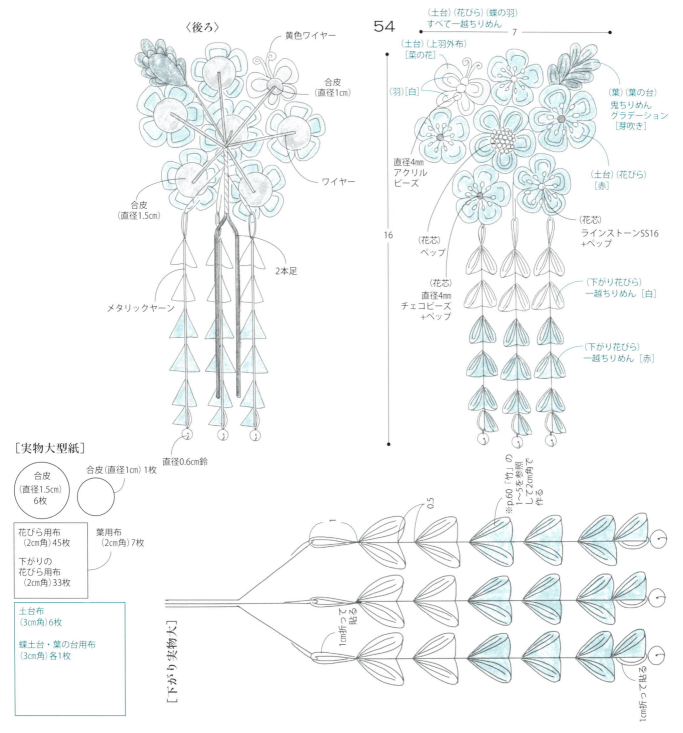

p.11

15
菊のコサージュ
✿✿✿

- ◆花材料　土台布…7cm角・6cm角・4cm角各1枚／花びら用布…5cm角12枚、4cm角21枚、3cm角10枚／花芯用布…4cm角2枚／花芯…直径1cmパールビーズ2個、ペップ適宜、直径4mmチェコビーズ6個
- ◆仕立て材料　合皮12cm角(仕上がった形に合わせて裁つ)1枚／紙粘土適宜／2Way金具(直径3.8cm)1個／巻き飾り用布…2×6cm18枚／ペップ適宜／チェーン10cm／直径8mmチェコビーズ1個／直径6mmパールビーズ1個／ヒキワ2個／丸小ビーズ2個／Tピン4本
- ◆つまみ方　p.51「菊」
- ◆花芯の飾り方(p.20-21を参照)　「ビーズを円にして飾る」、「ビーズの周りにペップを飾る」、p.96[ペップの置き方]参照、p.102[花芯の作り方]参照

＊組み立て方はp.109を参照。巻き飾りの作り方はp.21を参照。

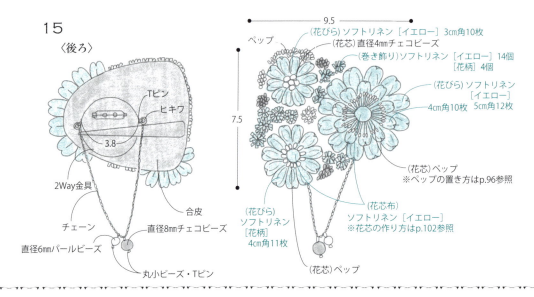

p.66

60
純白の花飾り
（本体）
※下がりの材料はp.111
✿✿✿

- ◆花材料　土台布…10cm角・9cm角・8cm角各1枚／花びら用布…8cm角12枚、7cm角21枚、6cm角10枚／花芯用布…4cm角1枚／花芯…直径1cmパールビーズ1個、ペップ適宜、グルー粘土適宜、クリスタル・ビーズ・天然石適宜
- ◆仕立て材料　合皮13cm角(型紙通りに裁つ)1枚／紙粘土適宜／2Way金具(直径3.8cm)2個／ペップ適宜／Tピン1本
- ◆つまみ方　p.51「菊」
- ◆花芯の飾り方(p.20-21を参照)　「ビーズを1粒ずつ飾る」、「ペップを束にして飾る」、p.96[ペップの置き方]参照、p.102[花芯の作り方]参照

＊組み立て方はp.109を参照。

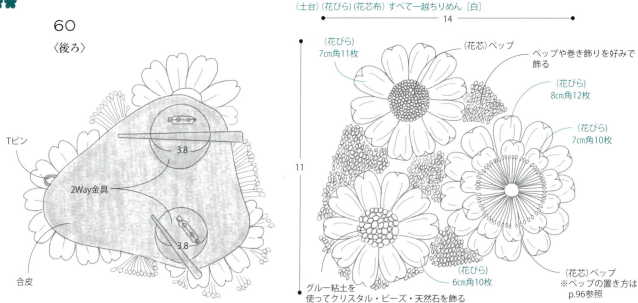

p.65
59
リングピロー
✿✿✿

- ◆花材料　土台布…7cm角・6cm角・4cm角各1枚／花びら用布…5cm角12枚、4cm角21枚、3cm角10枚
  花芯…直径1cmコットンパール1個、ペップ適宜、グルー粘土適宜、クリスタル・ビーズ・天然石適宜
- ◆仕立て材料　12×12×高さ3cm桐箱1個／白キュプラ12.5cm2枚／幅0.3cmサテンリボン50cm2本／詰め綿適宜
  ／紙粘土適宜／ペップ適宜
- ◆つまみ方　p.51「菊」
- ◆花芯の飾り方（p.20-21を参照）　「ビーズの周りにペップを飾る」、「ペップを束にして飾る」

59

12×12

- （花芯）グルー粘土を使ってクリスタル・ビーズ・天然石を飾る
- （花芯）直径1cmコットンパール＋ペップ
- （花びら）白キュプラ
- （土台）（花びら）正絹
- （花芯）ペップ
- （土台）（花びら）白キュプラ
- ペップ（ミンクペップを混ぜる）

[15・60 合皮実物大型紙]

15 合皮1枚

60 合皮1枚

[ピローの作り方]

白キュプラ12.5cm（サイズは箱に合わせる）

縫い代1／縫う／中表／返し口5／（裏）

1　白キュプラ2枚を中表に合わせ、返し口を残して周囲を縫う

表に返す → （表）／綿

2　綿を詰めて返し口をまつって閉じる

0.3サテンリボン（50cm）　5／3.5／3.5

お好みの長さでカット する

3　リボンを縫いとめ、リングを通して結ぶ

[3輪花のまとめ方]

1　CDケースの上で花が乗る位の紙粘土の山を作る

中／大／小／花を貼る面を作る

高さ：15・59…1.6cm、60…2cm

2　紙粘土の山に3輪の花をバランス良く貼る

3　すき間にp.20「ペップを束にして飾る」、p.21「ペップをワイヤーで束ねて飾る」・「布の房を飾る」を参照して作った飾りを敷き詰めて貼る

4　紙粘土の裏にボンドをつけ、合皮や桐箱に貼る

5　15・60は2Way金具をつける

p.65
55・56・57・58 花嫁の髪飾り

◆花材料〈4点分〉 土台布…7.5cm角2枚、5cm角4枚／花びら用布…4cm角19枚、3cm角19枚、2cm角10枚、1.5cm角38枚 花芯…図を参照
◆仕立て材料〈4点分〉 2Way金具1個／Uピン4本／合皮…直径3cm1枚、直径1.5cm4枚／ワイヤー（24号）13cm5本／アーティスティックワイヤー（28号）適宜／直径4mmアクリルカットビーズ・チェコビーズ適宜／グルー粘土適宜
◆つまみ方 p.49「風車の花」※花びらは9枚・10枚を、図を参照して葺く。
◆花芯の飾り方（p.20-21を参照） 「ビーズを1粒ずつ飾る」、「ビーズを円にして飾る」、「丸小ビーズを飾る」
＊花台の作り方はp.68を参照。Uピンのつけ方はp.73を参照。

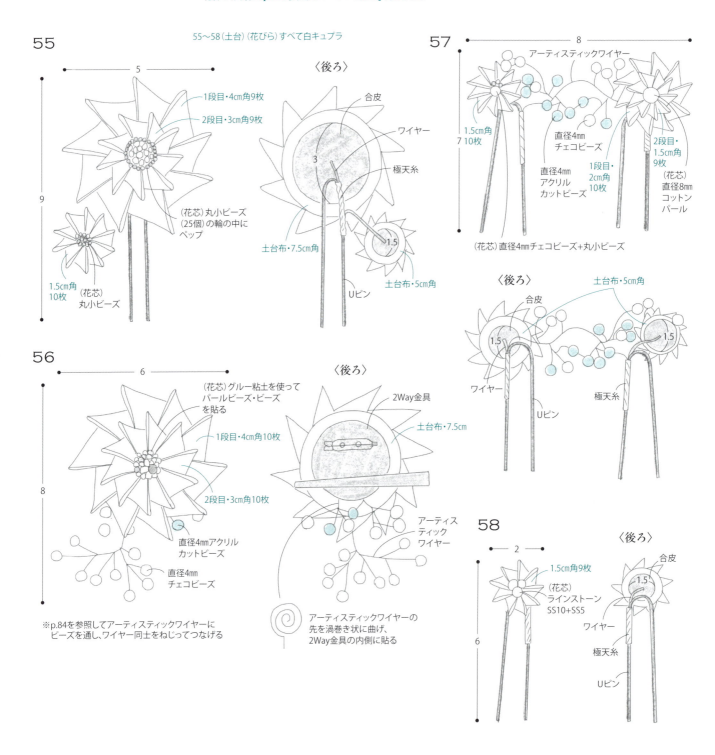

p.12
17
成人式の花飾り(下がり)

p.66
61
純白の花飾り(下がり)

🌸🌸🌸

◆材料　花びら用布…3cm角39枚／メタリックヤーン…18cm3本／ワイヤー(24号)…6cm2本・5.5cm1本／Uピン1本／極天糸／直径1cmパールビーズ3個／直径3mm金ビーズ3個／Tピン3本

◆つまみ方　p.60「竹」

*作り方はp.73を参照

17・61
［実物大型紙］

- Uピン
- 極天糸
- 2
- 0.3
- ワイヤー
- 1
- 1.5cm折って貼る
- (花びら)一越ちりめん[白]
- ※p.60「竹」の1〜5を参照して作る
- メタリックヤーン
- 0.5cm
- 1.5cm折って貼る
- 直径1cmパールビーズ
- 直径3mm金ビーズ・Tピン
- 5

Profile
つゆつき　土田由紀子(つちだゆきこ)

京都市在住。下の娘の3歳の七五三の髪飾り作りをきっかけにつまみ細工の繊細さに感動し、本格的に作家活動を開始。
カジュアルラインのオリジナル作品を製作・販売するほか、七五三、成人式用の作品も手がける。
ヴォーグ学園東京校、横浜校、心斎橋校、名古屋校にてつまみ細工講座の講師を担当。

つゆつきのHP　http://tsuyutsuki.jimdo.com/

Staff
ブックデザイン　天野美保子
撮影　masaco
スタイリング　串尾広枝
ヘアメイク　オオイケユキ
モデル　Kinga L (BRAVO MODELS),
　　　　Rina MUSAEVA (Sugar & Spice)
作り方　鈴木さかえ
イラスト・トレース　小池百合穂
編集　西津美緒

つゆつきの365日のつまみ細工

発行日　2018年9月2日　第1刷
　　　　2019年4月25日　第2刷
著者／土田由紀子
発行人／瀬戸信昭
編集人／今ひろ子
発行所／株式会社日本ヴォーグ社
東京都中野区弥生町5-6-11
Tel./編集 03-3383-0634　販売 03-3383-0628
振替　00170-4-9877
出版受注センター　Tel.03-3383-0650　Fax.03-3383-0680
印刷所／株式会社 東京印書館
Printed in Japan ©Yukiko Tsuchida 2018
NV80496　ISBN978-4-529-05833-9　C5077

日本ヴォーグ社関連情報はこちら
(出版、通信販売、通信講座、スクール・レッスン)

https://www.tezukuritown.com/　手づくりタウン　検索

・本誌の複写に関わる複製、上映、譲渡、公衆送信(送信可能化を含む)の各権利は株式会社日本ヴォーグ社が管理の委託を受けています。

JCOPY 〈(社)出版者著作権管理機構 委託出版物〉
本書の無断複写は著作権法上での例外を除き禁じられています。
複写される場合は、そのつど事前に(社)出版者著作権管理機構(TEL03-3513-6969/FAX 03-3513-6979/e-mail info@jcopy.or.jp)の承諾を得てください。
本書に掲載の作品を商業用に複製することは、固くお断りします。

・充分に気をつけながら製本しておりますが、万一、落丁本・乱丁本がありましたらお買い求めの書店か小社販売部へお申し出ください。

「つゆつきの
つまみ細工」
ISBN978-4-529-05279-5
NV70215
本体¥1,200+税
25.7×21cm／80ページ

家にある道具で手軽にできる方法や、リネンやコットンで作る洋風のつまみ細工など、著者が提案する新しいつまみ細工の楽しみ方がいっぱい詰まった1冊。基本の丸つまみ・剣つまみのバリエーションなど、12種類のつまみ方を、わかりやすい写真解説でお届けします。

「つゆつきと晴れの日、
卦の日のつまみ細工」
ISBN978-4-529-05459-1
NV70296
本体¥1,300+税
25.7×21cm／96ページ

端切れや余り布でかわいい花ができるつまみ細工。七五三や成人式に向けて作りたい本格的なかんざしのほか、家にある道具で手軽にできる方法や、浴衣や洋服にも合わせやすい作品も紹介。16種類のつまみ細工の基本を写真とイラストで丁寧に解説します。CDケースにセットして使える「花びらガイドシート」つき。

「つゆつき流
つまみ細工のいろは」
ISBN978-4-529-05600-7
NV70366
本体¥1,400+税
25.7×21cm／104ページ

つまみ細工作家・つゆつきの著書第3弾。普段着にも合うつまみ細工の作品から七五三、成人式、結婚式など晴れの日に作りたいものまで63点の作品を掲載。19種類の花と鶴のつまみ方はすべて写真解説しています。こどもと一緒に楽しむポイントや対談取材など、もっとつまみ細工が楽しくなるヒント集つき。

〈素材協力〉
◦ (株)ルシアン　http://www.lecen.co.jp/
大阪府大阪市淀川区西宮原1-7-51　TEL 0120-817-125 (お客様センター)
◦ つまみ堂　http://tsumami-do.com/
東京都台東区浅草橋3-20-16　TEL 03-3864-8716
◦ (株)リバティジャパン　http://www.liberty-japan.co.jp
東京都渋谷区恵比寿南1-9-6 恵比寿パークプラザ2F　TEL 03-6412-8320 (代表)
◦ (有)アール 布がたり　http://www.nunogatari.co.jp/
奈良県香芝市下田東1丁目470-1　TEL 0745-78-7558　E-mail：info@nunogatari.co.jp

〈撮影協力〉
◦ ヌーイ　http://www.nooy.jp/nooy2/　TEL 03-6231-0933
(p.1, 11ワンピース／p.7シャツ・スカート／p.36ワンピース)
◦ 撫松庵／新装大橋　https://www.bushoan.co.jp　TEL 03-3661-0843
(子ども：p.6, 8, 38着物一式　大人：p.12, 40, 41着物一式)
◦ フォグ リネンワーク　http://www.foglinenwork.com　TEL 03-5432-5610
(p.52ワンピース)
◦ ピープルツリー　http://www.peopletree.co.jp/　TEL 03-5731-6671
(p.64, 67ウエディングドレス・ベール)

We are grateful.
あなたに感謝しております

手づくりの大好きなあなたが、
この本をお選びくださいましてありがとうございます。
内容はいかがでしたでしょうか？
本書が少しでもお役に立てば、こんなにうれしいことはありません。
日本ヴォーグ社では、手づくりを愛する方とのおつき合いを大切にし、
ご要望におこたえする商品、サービスの実現を常に目標としています。
小社及び出版物について、何かお気付きの点やご意見がございましたら、
何なりとお申し出ください。
そういうあなたに、私共は常に感謝しております。

株式会社日本ヴォーグ社社長　瀬戸信昭
FAX 03-3383-0602